スクリーンが待っている

西川美和

小学館

スクリーンが待っている

目次

映画をはなれて

夢日記

蕎麦屋ケンちゃん失踪事件

スクリーンが待っている

まえがき

本書は、二〇一八年より、小説誌「STORY BOX」に三ヶ月に一度のペースで連載したエッセイをまとめたものです。私にとって六作目となる長編映画作りの過程を、ゆっくりとしたペースで書かせてもらいました。

本文中でも触れていますが、映画の宣伝戦略上の理由から、作品の細かい内容や出演者の情報は、公式な「制作発表」がなされるまでは秘密にしておかねばなりません。もったいぶらなくたって大して騒いじゃくれないよ、というのが私の本音ではありますが、何百の人間が関わり、何億というお金が投じられて作る商業映画ですから、そういう約束は約束なのです。

そのような都合のため、企画発案からかなりの長い期間にわたって物語の中身や具体的な固有名詞は伏せたまま書かざるをえず、中盤までは遠回しな説明やイニシャルが多くて読者には読みづらさを感じられるかもしれません。

書いている私もだんだんイライラしてきて、「いったいいつになったら制作発表してくれるんです！　これ以上秘密にされたんじゃ、連載に書くネタに困るんですよ！」と無茶な理屈でプロデューサーに詰め寄ったことさえありました。

こうして本にまとめる今ではすでに多くの情報も開かれた後なので、伏せていた言葉もわかりやすく書き換えようかとも考えましたが、二〇一五年の秋に企画を思いついてから五年を経るうちに、少しずつ物事が進み、それが形になり、やがて人に伝える時期が来て、映画が放たれる、その月日のうつろいのようなものを、そのまま読者にも付き合ってもらうことにしようと思い、あえてそのままの表現を保ちました。

この数年のうちに他誌に読み切りで書いた、映画とは関連のないテーマの文章もいくつか合わせて収録してもらったのち、最後に一つだけ短編小説を加えています。翻訳家の柴田元幸さんから、「探偵モノを書いてみませんか」というお題をいただいたのですが、クランクインまであと二ヶ月という時期だったので、映画に数シーンだけ登場する一人の青年の過去に起きた事件として書いてみました。劇中の物語とは全く関連のないエピソードであり、映画を観《み》ても「この人物の話だったのか」と気付くこともないかもしれませんが、これもたくさんの材料でこしらえていく映画作りの中の一つの断片なので、仲間に入れて読んでみてください。

映画作りに力を発揮してくれた全ての人々に感謝を込めて。

二〇二〇年十一月　西川美和

スクリーンが待っている

「STORY BOX」

恋

2018年6月号

母は恋をしてしまった。

五人の子供を育てた末に。いや、正直に打ち明ければ、五人目は、まだ母に抱かれなければ眠らないころ。そんなことは、もう自分の人生には起こらないだろうとたかをくっていた夜にそれは起こった。「わたしこの人と生きる」。一瞬のことだった。

果たしてそこに予感はあったかどうか。

母には若いころ、ぼんやりと憧れた男がいた。圧巻の個性。ずっと年上で、すでに地位も所帯もあって、自分が馴《な》れ睦《むつ》むような相手ではない。ただ遠くから、あんな男も世界にはいるのね、と嘆息するくらいの存在だった。とうの昔に忘れていたのに、あるとき男の父親が亡くなって、その弔いに来た老友の言葉を小耳に挟んだのである。

「世間じゃあいつの長男が有名だけどね、実は十五歳下の弟が、親父《おやじ》によく似ている。地味な男だけど、ぼくは倅《せがれ》たちの中で一番好きなんだ」

ふーん。そんなの、居たんだ――ふと、出来心。その名さえ知らなかった弟を探し出し、嫌いなはずのないことをわかっていて、母は、会った。

まどろっこしーーーーい、けれど、まだ映画の企画はプロデューサーから口止めをされているので、自分を母に、新作を恋人にたとえて経緯を紹介させてもらった。全然わからないですよね？

私は、これまで五本の長編映画を原案からオリジナルでこしらえてきたのだが、要は今回初めて、他人の書いた小説を「映画にしてみたいな」と思った、ということである。漫画原作やベストセラー小説の映画化が多い中、「オリジナルにこだわってるなんて、偉いなあ〜」とたびたび人におだてられてもきた。絶滅危惧種なのによく生きてますねえ、偉い！　と、トキを褒めるようなものだろうか。しかし私はもともと映画監督より脚本家志望だった。「書く」ことを奪われたら自分が羽を伸ばせる場所がない、と恐れ、じっと一人で書いていられる時間を一分一秒でも引き延ばそうとしてここまで来てしまったのである。『クレイマー、クレイマー』（'79）や『評決』（'82）や『家族ゲーム』（'83）などと出会っていなければ私は映画に携わることもなかっただろうが、それらも皆既存の小説を元にして作られた映画だ。「これは」と思う作品に出会えたら是非とも、という気持ちは元々あったが、それとは裏腹に、シナリオを自分の手で書けば書くほど、原作のあるものを映画に落とし込むことの難解さが明らかに見えてきて、じりじり後ずさっていったのも事実である。漫画であれ、小説であれ、それ自体の質が高いほど、密度が濃いほど映画は分が悪い。紙の上の世界と違い、どこまでも時間と金と、視覚、聴覚に縛られた限界の多い表現だからだ。予算が足りず、スケールは小さくなり、変なCG、無理のあるキャスト、緻密に書き込まれていたはずの心理描写や過去の遍歴は省かれて、二時間に無理やり押し込められてあらすじのみが残る。そんな映画をあなたも観《み》たことがありませんか？　私は、ある。

今よりもう少し若いころは、「この原作で、長編映画を撮りませんか」と人から声がかかることもあったが、私は目もくれなかった。どの小説もよく書かれていて、とても勝ち目があるとは思えなかったからだ。ベストセラー作品などともなれば、作者はもとより、その世界を深く愛するファンもいる。「あれもない！　これも違う！」と連中を怒らせると思うと憂鬱だ。ひきかえ自分一人で腹を痛めて産んだ子は、私が親だ。頭の毛の一本から、足の小指の爪の形まで、誰より私が知り尽くしている。だから出資者よ、俳優よ、スタッフよ、記者よ、お客さんよ、さあ何でも訊《き》いてくれ。どこからでもかかってきたまえ。――そうやって構えるよりほかに、監督として一本の映画を背負う術《すべ》が私にはなかったのだ。世間に「原作」という模範解答が出回っていては、自分の存在理由が失われそうで怖かった。脚本でさえ、平面の青写真にすぎない。それを映像という立体に起こしていくために必要な虎の巻は、私の頭の中にだけ鍵をかけて仕舞われている状態を作ることこそが、私の映画作りの手法だったのである。弱い者ほど武装が厚いというのは本当だ。しかしそんな風に、過去の傾向と対策とでガチガチに築き上げた堅牢《けんろう》な正攻法が、一瞬にして溶けてしまうことも、人生のうちに何度かはある。

私の前作『永い言い訳』は、春から冬にかけて断続的に撮影した。一年半ほどの時間の流れを描く物語で、主人公のほかに、二人の子供が重要な役を担った。時間をかけることで四季の風景の変化や、子供の体の成長もとらえることができると見込んでの計画だった。長期にわたれば制作費もかさむが、春に二週間撮影を終えた後に編集を始め、それを見ながら夏篇の脚本を修正し、梅雨が明ければふたたび二週間撮影をする、という長期熟成スタイルによって、頭をクールダウンさせる時間と他人の意見を聞く時間を取ることができた。春の終わりには「もう一秒たりとも切れない！」と信じていた編集が、三ヶ月経《た》ってみれば、ここにも贅肉《ぜいにく》、あそこにも贅肉、気づけば子牛一頭分の贅肉……とザクザク減量され、その代わり、今どこに筋肉が足りていないかも摑《つか》めてくる。撮影直後は、毎日顔を突き合わせた俳優に愛着があるし、風雪に耐えたスタッフの奮闘も目に焼き付いている。悩んだ末の自分のジャッジも、正しかったと思いたい。けれどそんな思いで胸をいっぱいにしたまま編集に臨めば、切れるものも切れるはずがない。作品である以前に、愛情の結晶だからだ。時を置いて、新たな苦労も経て、思い出もすこし色褪《いろあ》せて見えてきたころ、やっと作り手は見知らぬ観客と同じ目線になれるような気もした。

そんな季節と季節の狭間《はざま》、一人の作家の訃報があった。作家の死は、しばしば文学になる。付き合いのあった別の作家がその人の死について言葉を綴《つづ》るからである。新進作家のころから酒を酌み交わす仲間だったという高齢の小説家が、自分よりも一回り若くして逝った旧友の死を枯れた言葉で悼んだものが新聞に載っていた。中で「百冊を超える著作の中で、彼の文学の真骨頂とぼくが思う本は――」と作家が掲げた作品を、私は題名も知らなかった。調べれば昭和の終わりごろに出版された小説で、すでに紙の本は絶版となっていた。

世間で氏の代表作といわれる本を私が読んだのは一九九〇年代の後半だった。実在の連続殺人鬼の逃走をルポルタージュのように描いた一九七五年の直木賞受賞作で映画化もされたが、これも当時はすでに絶版であった。古書が欲しければ神保町あたりにあてのない旅に出る以外なく、「見つかるかなあ」とつぶやいていたら師匠の是枝監督が「俺、持ってる。すごくいいよ」と、クリーム色のパラフィン紙のカバーがかけられた古い単行本の上下巻を貸してくれた。学生時代に早稲田の古本屋で買い求めたものだそうだ。

アメリカのニュージャーナリズムにも影響を受け、徹底的な取材をもとに、調味料もなし、水もなし、酒もなし、調べて出てきた事実だけを土のついたまま鋳物の鍋でじわじわ煮詰めたような筆致で、それでいて忘れられなくなる舌触りと濃い味わいがある。登場人物には、善人や悪人の書き分けがなく、安易に感情移入させてくれない代わりに、ただ「人間とはこういうものだ」という痺《しび》れるような説得力があった。台詞《せりふ》は聴いたものをそのまま書き起こしたもののように見える反面、一取材者に人がここまで喋《しゃべ》るだろうかと訝《いぶか》るほど肉体や心の深層にふれた言葉も多い。フィクションらしい虚飾の一切を省かれているように見えて、その実計算し尽くされた演出にも読めた。

それから二十年。時代が変わったとはこういうことかあ、と思いながら、Ａｍａｚｏｎで古書をポチリ。ワンクリックで数日後には探していた絶版書がポストに届く。どんな本を読んで、どんな感想を持ったかも、目の届く範囲にいる仲間内とべちゃくちゃ喋るより、見知らぬ人同士、遠くにいる人同士でやりとりする方が今ではすっかり一般的だ。私が師匠に本を貸してもらうようなことも、もう滅多になくなった。

静かな初冬の夜に、毛布にくるまってページを開いた。以前は映画制作の最中に、他人の小説や映画を鑑賞することもなかったが、四分の三が撮り終わり、少しだけ心に余裕も出来たころだった。一瞬だけの、息抜きさ。そのくらいの気持ちだった。運命は、そういう夜に動く。

読み終えるのを待てず、「こんな面白いものが世の中に埋もれているのは、災難だ」。そう思った。わくわくして、誰かに喋りたくて仕方がない。教えたくて仕方がない。けれど作者はすでに鬼籍に入り、紙の本は絶版。この時代、新聞のささやかな寄稿文一つで、ふたたび世間に火がつくとも思えない。題材は歴史に刻まれた大事件でもないから、誰かが後から掘り起こすきっかけすらないだろう。「でも、本当に忘れていくつもりですか？知らないよ。知らないよ‼」と、布団の中で私一人があたふたしている。けれど、もし映画にしたら、もう一度ここに書かれたことが人に知られる機会になるかもしれない。だったら、私が、やりましょう！

「よく書き込まれた小説を映画にすることの勝機のなさ」にビビり続けてきた私は、その瞬間だけなぜかすっかり恐れを忘れていた。事実をみっちり取材して書かれた作風は有名な直木賞作に引けを取らず、物語の頭の毛の一本から、足の小指の爪の形まで知り尽くしているのは、私ではなく亡き作者である。私は丸腰。完全なる形勢不利。だけどそれすら何とかなる、とトチ狂い、誰から頼まれたわけでもないのに、自らタスキを肩からかけたのであった。

それにしても、他人の書いたものに夢中になれたときというのは、何て清々《すがすが》しいんだろう。

かつて、太宰治の『駈込み訴え』という短編小説の朗読をテレビで映像化する仕事を引き受けたときも、同じことを思った。高校生のころに読んで、魂を射貫《いぬ》かれたようになって以来、折々に読み返してきた作品だった。太宰の言葉はきわめて繊細なので、一つ一つの言い回しや句読点の位置にも意味と効果がある、そしてその意図を誰よりも正確にわかっているのは、私だ。——と、思い込んでいた。実は誰でも罹《かか》るただの太宰病。しかしその病の熱に浮かされたまま、この恐るべき作品の魔力を観た人にちゃんとパスして、「やっぱダザイってスゲー」と思わせるなら俺にまかせろ！　と根拠のない情熱と自信でグリグリと突き進んでいった。オリジナルを手がけているときには決して抱かない類いの自信。好きというのは恐ろしい感情だ。自分自身をどう愛するべきかはいつも迷ってしまうけれど、他人を真《ま》っ直《す》ぐ愛することができたときは、ふしぎに自分まで許せてくる。素晴らしいテキストの存在は、確かな海図を得た航海のように、行く手が明るかった。出来上がったのちも、自分が手がけた作品なのに、うっとりと言葉に聞き惚《ほ》れた。ああ、私はいい仕事をしたねえ。と、得も言えない満足があった。

五番目の子供、つまり私の五作目である『永い言い訳』がその先も独り立ちできるまでにはしばらくかかった。最後のシーズンを撮り終えて完成させ、宣伝期間を経て公開し、地方や海外の映画祭や劇場にあちこち出かけたのちにソフト化や配信が始まって、レンタルビデオ店では店員の書いた解説が貼られている。映画はもうすっかり、観た人のものになった。子離れの時が来たのだ。さようなら、坊や——さあ、あの人のところへ行こう。私はようやくにして、日焼けした文庫本をふたたび棚から取り出した。

ああしかし、母の遅く来た春。どこからどうしてつき合うべきか、戸惑うばかり。相手は全てが仕上がった大の大人だ。茶碗《ちゃわん》の持ち方、飯の食い順、洗濯物のたたみ方から風呂の熱さの好みまで、まるで異なる赤の他人。子供を産み育てるのとは勝手が違う。あんたはあんた、あたしはあたしよ。好きにやらせていただくわ。と大人の距離を取れればいいけれど、惚れた弱みでしんねりと相手の後をついて行くていたらく。「あんたらしくもない。ガツンと言ってやりなよ」と周りに言われても、「だけど向こうの言い分も一理あるから……」と、とことん手ぬるい母！「一理」どころか、何でもない相手の一挙手一投足、言った言葉の端々までに、まだ完全にのぼせているのだ。ああ、なんて知的な、なんて愉快な、なんて優しい人だろう。綺麗《きれい》な目。素敵な手。可愛《かわい》い声。やっぱりこの人は特別だ。……ダメだこりゃ。

どこからどう手をつけていいかわからないままに、二〇一七年二月。雪深い北海道・旭川市に降り立った。物語の始まる舞台である。表で路線バスを待っていると、頭の芯まで凍《し》みいってくる。ともかく作家が見た景色を一からくまなく辿《たど》っていくことにしてみたのだが、執筆当時からは三十年の時が経っていて、小説のイメージからは時代の色も社会のシステムも大きく様変わりしている。主人公は戦時中のどさくさに生まれ、生い立ちはそのまま日本の実録戦後史だ。そりゃ面白いに決まっているのだが、今では駅の風景一つ、電車の風景一つとってみても、猥雑《わいざつ》でドラマチックな昭和の匂いは薄れ、物語の芯にあったコクのようなものは世界からは失われてしまっていた。

「こういうことかあ……」十数年後に北海道新幹線が延びてくるのを見越して、ピカピカに建て替えられた旭川駅の構内を歩きながら、私は途方に暮れた。均質化され、クリーンで便利だが、何と絵にならない時代だろう。暮らしやすく快適なはずなのに、なぜこんなにも空々しく、退屈なのか。そうして私は方針を決めた。その退屈な現代で書いていこう。同じような境遇の主人公が私たちの住む時代に在ったとき、彼を取り巻くものは幸福なのか、不幸なのか、それとも三十年前と何一つ変わらないのか。それだけが未知数だったし、今は亡き作者ではなく、生きている私にできる唯一のことだからだ。

私は自ら、負け試合のマウンドに向かおうとしているのかもしれない。だけど、映画の仕事に就いて二十年目の春である。まだ投げたこともないような試合に出てみたいんだ。やりたいことも好き勝手やってきた一方で、思い描いていた未来と違ってしまったことも多い。「昔は良かった」と言うのは簡単だけど、残念ながら自分たちが生きているのは昔じゃなくて今だ。世の中の関心事の枠外にあり、誰からも見逃されている人間の深くまで掘り込んで、そのものの正体を、そしてきらめきを世界に遺《のこ》して行った作家の意気を私も引き継ぎたい。二十年目にして、人は、人の影響を受けられるか。そして、変化できるか。幕はもう開いている。

出会い

2018年9月号

作品を重ねるごとに、自分の書くものが、信用ならなくなる。感性だけで書き抜くのが心許《こころもと》なく、つい取材に頼ってしまう。取材は、私の映画など知らない人のところへ出向いて行って、誰に見せるのかも、いつ完成するかも怪しいものに個人の貴重な時間を割かせるわけだから、いつも恐縮し通しで、終わったときには全身の筋肉が凝り固まっている。しないで済むならしたくはないのだが、それでも取材に寄りかかってしまうのは、私が助監督をやっていた経験によるものだろう。

出版物で言えば、校閲さんが原稿の中身を、重箱の隅をつつくように調べ上げて事実確認のチェックを入れてくれるように、映画では助監督が脚本に書かれたことの裏を取る。脚本家は字を書くだけで済むから簡単だが、警察手帳も、供述調書も、目に見えるモノを用意するのは現場の人間である。いつの時点の情報で書かれたものか、今日現在も通用するものか、人まかせな監督や脚本家の鼻を明かさんばかりに徹底的に取材して最新情報を洗い直す。

たとえば登場人物が喧嘩《けんか》で怪我《けが》をするなら、協力してくれるお医者さんを探して傷の出来方や治るまでの経過を教わり、ギプスが外れる時期や傷の変化を図表にして美術部やメイク部に発注したり、「監督、脚本では一週間後にそば屋に行っていますが、箸を持つのはまだ無理です。カレーはどうです?」などと提案したりもする。ドラマの題材によって、法廷、警察、生命保険などあらゆる分野の本を読みあさり、どれだけ物知りになるかと思ったが、一作品終わるごとに綺麗さっぱり忘れてしまい、蓄積らしいものもない。しかし自分で脚本を書くようになってからも、若い助監督に後から搾り上げられると思うと恐ろしくて、なるべく先にものを調べてから書く習慣がついている。現実と照らし合わさないと何も書けないのでは作家としては頼りないが、現実の人に会ってみても何ひとつ拾い物がなかった、という経験はない。映画やドラマでおなじみの医者や刑事や探偵は、実物に会うとどうなのか。笑いが込み上げるほどイメージ通りのこともあれば、意表をつかれるほど異なる部分もある。よく知られていない職業の人であればなおさらで、私の想像だけでは決して辿り着けない「その立場にある人にしか言えない言葉」が飛び出したときには、しめた、と思う。発見したのは私である。重力ははじめからあったが、偉いのはニュートンだ。

昭和の末ごろに書かれた小説をベースにして新作の脚本を書いている。原作そのままを映像化できれば一番面白いのかもしれないが、近過去を再現するのは時代劇以上に手間とお金がかかる。画面のほとんどをCGで作りこむよりは、テーマを現代に移して描き直す方が自分の性分には合っていると思い、小説の中で起こることの一つ一つを、三十年前とどう違うか、しらみ潰《つぶ》しに検証していくことにした。鉄道の路線や車両は変わり、建物は改築され、社会のシステムや法も変わっている。携帯電話の普及によって人と人は行き違うことがなくなり、ドラマの作り手は甚大な被害を被った。快適で不備のない空間に物語は生まれない。けれど世の中が進んで潰《つい》えたドラマがある代わりに、進んだからこそ生まれるドラマもあるはずだ。平らにならされた世界の隙間にこぼれ落ちたものを目を凝らして拾い集めれば、また何か見えてくるかもしれない。

小説の主人公は四十代半ばの男だが、わけあって生活保護を受けながら東京で孤独な生活を送っている。心配した担当ケースワーカーが、ある日『福祉センター』の結婚相談所主催のパーティのお知らせを家まで持って来て、幸福を追求する権利は誰にでもあるのだし、あなたには大切に思える存在が必要ではないですか、と精魂込めて説得し、尻込みする主人公を出会いの場へと駆り立てる場面がある。なんと親切な！

しかし取材に応じてくれた都内の福祉事務所で働く三十代のケースワーカーは、きっぱりと言い捨てた。

「読んでびっくりしましたね。あり得ない。そんなケースワーカーはいないと私は信じたいですよ」

——なぜですか。

「そんな言葉、女性の受給者に『あんた若いんだからソープで働きなさいよ』と言うのと同じレベルですよ。結婚するかしないかは本人の自由なんだから」

——しかし、こんなに親身になってくれる人がいるなんて、と私はじんわり感動してしまったんですが。

「感動！　驚いたなあ。よくもズケズケ踏み込むな、と呆《あき》れましたけどね。あなたが既婚者かどうか知らないですけど、『結婚した方がいいよ』なんて他人に言われたらどう感じます？」

——大きなお世話……と思いつつもですよ、それを誰が言ってくれるのかにもよりますよね。自分の将来を一歩踏み込んで本気で心配してくれる人というのが、この主人公には他にいなかったわけです。

「あのですね、ケースワーカーは受給者に対して、生殺与奪の権利を持っているわけですよ。『金を出さん』と我々が言えば、彼らの生命線を断つこともできるんです。そういう権力を持っている人間が、対等なつもりで物を言っても、向こうはガツンと言われたように捉えることもありますよね。〈あなたにとって大切に思えるものが必要ですよ〉とこれだけ読めば温かい言葉ですけど、これが伴侶じゃなくて、宗教を勧めてたとしたらどうです？　同じことではないですか？」

——つまり原則的に受給者のプライバシーや人生選択には意見しないということですね。

「『相談先がいっぱいあるといいですね』と言うくらいが精一杯ですよ。しかしここが感動とはね。完全にドン引きポイントでしたけどね」
――きゅううう……。

この人は舌鋒《ぜっぽう》鋭いクールガイだったが、別のケースワーカー経験者も、「お話としては、インパクトが強くて面白く読みました。でも現実にあるかと言われれば、ないです」と柔らかくも同意見だった。現実の修羅場を数々見てきたつわものが、作り物ならではの甘い泣かせどころを木っ端微塵《こっぱみじん》に粉砕する。ほっといてくれ、これぞフィクションの醍醐味《だいごみ》なんだ、多少の粉飾はご愛嬌《あいきょう》、とぶっちぎる裁断も作り手の胸次第であるが――まったく、知らなきゃよかった。だけど出来た映画をあのケースワーカーに鼻で笑われるのも癪《しゃく》だしなあ。うーん、うーん……。

一方で、「婚活」という言葉もなかった昭和と今ではお見合い事情も大違い。ネットを開けば民間の主催するパーティは飽和状態だが、現役ケースワーカーの証言通り、自治体の福祉事務所があっせんする婚活事業など、どこを探しても存在しない。原作が何を参考に書かれたのかを知りたいが、作者はすでに鬼籍に入っている。しかし東京郊外や近県の市町村では、人口減少や少子化対策をにらんだ農業体験婚活パーティなども見つかった。東京都心から電車で約一時間ほどの千葉県某市の社会福祉協議会（『福祉事務所』とは全くの別物！）が結婚相談所を運営しているのをみつけたので訪ねて話を聞いたところ、都会では民間業者が溢《あふ》れているので、公的機関がバックアップするまでもないのかもしれませんねということだった。

相談所員・Aさん「うちは『息子が嫁に逃げられた』とか『近所の若い者がずっと独りでいるんだよ』とか、そういう市民の方の心配事相談が転じて昭和五十六年からずーっとやっているんです。会員の条件もなくて、県外の方でもここまでお見合いやデートをしに来てもらえる方ならば誰でも登録できます」

――民間ではなくあえてこちらに登録されるのはどういう方が多いですか。

Aさん「やっぱり公的機関ですから、おかしな人はいないだろう、個人情報が変に流されることもないだろう、という安心感でしょうかね。あと、会費やパーティも安いしね。会費二年で五千円だもの」

相談所員・Bさん「カップルになった後も私たち追跡調査をするんです。その後どこまで行ってます？　と。ダメになったらなったで、連絡をもらえればまた次を紹介しますから」

最高のコストパフォーマンスとアフターフォローを誇る社会福祉協議会の結婚相談所。取材に応じてくれた女性二人は、五十歳前後だろうか。語り口の落ち着きと活気とが絶妙な塩梅《あんばい》である。怪しくない。軽くない。押し付けがましくない。いい歳《とし》まで身を固められなかった人間の落ち度も事情も責めずに味方してくれるようなこの安らぎはなんだろう？

——登録に条件はないと言われましたが、持病があったり生活保護を受けていたりしても会員になれますか。

Aさん「そういう方も中にはいらっしゃいます。結局はお相手が決めることなので、今の状況だと厳しいかもしれませんよ、とお話しすることもありますけども」

——パーティは、どんな手順で行われるんでしょう。

Aさん「まずはくじ引きで班を決めます。で、班ごとに共同作業をしてみるんですね」

——共同作業？

Aさん「バーベキューやそば打ち体験、クリスマスならケーキ作りをすることもあります。一緒に何かやると、性格が見えますよね。ああせっかちだな、よく気がつくな、手先が器用だな、とか。そして頃合いを見て、『お見合い回転寿司《ずし》』と言いますけれども、一対一の自己紹介タイムをとります。一人につき二分間で、終われば男性が席を一つ隣にずれて、お寿司のように回っていきます」

——大変興味深いですね。実はつかぬことをお願いするのですが……。

頼み込んで、スタッフとして一日手伝わせてもらうことにした。スタッフとしてでないと、目的が変わりそう。

朝八時。市民センターの物置で水色のポロシャツのユニフォームに袖を通した私は、頭のてっぺんから足の爪先まで結婚相談所のスタッフになりきった。特別室のテーブルに、爽やかなブルーのギンガムチェックのクロスを広げて黙々とパーティの準備をした後、受付にやってきた男女にくじ引き箱を差し向けた。「『イ』の班のテーブルにどうぞ」と新米らしくにっこり。

クロスのかかったテーブルには、男性十四名・女性十五名が着席した。

男性が一人少ないのは、朝になってキャンセルが出たからだ。「西川さん、回転寿司の時、女性が一人あぶれちゃうからお相手してもらえます?」と頼まれて、よぉしこい！とすぐに鼻息を荒くする私。しかし逸《はや》る気持ちを抑えつつ、まずはグループでの共同作業のはじまり。

「今日はお手元にあるペンを使って、グラスデコ制作というのに挑戦していただきます」……グラスデコ？　どうやら透明のアクリル板に特殊なペンでお絵描きをして乾かすと、ちょっとしたステンドグラス風の工作ができるらしい。絵を描くのが苦手な人も心配ご無用。見本の図柄をアクリル板の上からなぞれば、誰でもそれなりにできますよ、とスタッフの女性。今日も元気で声のハリがすごい。三十代から四十代の参加者たちが言われるままにペンを手に取り、見本に倣ってファンシーなイルカやさくらんぼの図柄を注意深くなぞり始めた。

ベテランスタッフAさんは、始まる前に「テーブルの上に、ペンはあえてワンセットしか置いてないんです。全員に行き渡ると、会話もせずに個人作業になってしまうのでね。わざと貸し借りを促してるのよ」と経験をもとに練った策に胸を張っていた。

「赤、ありますか～？」

「すいません、僕が使ってます、すぐ終わります」

「あ、ならいいんです！　ピンクにします」

「いいや、ちょっと待って、すぐ終わりますってば」

「いいんです、慌てないで、きゃっ、ほら、慌てるから！」

「おっと、はみ出てしまったぜ！　弱ったなあ」

「おーほほほ」

「わーははは」

「すみませんティッシュください」

「うふ、はいティッシュ」

——などと弾む男女の会話を私も想像してみたが、現実は蓋《ふた》を開ければ伝統工芸品の作業場のごとく、皆貝のように口をつぐんだまま、人生で初めて握るペンのインクの出具合と格闘するばかりであった。そもそもペンの貸し借りごときで初対面の異性と屈託のない会話ができる大人なら、こんなところに来ているだろうか。いや、来ていない。私にも、痛いほどわかる。涙が出そう。

作業が一段落すると一対一の自己紹介となったが、十五人目の男性の席に腰掛けた私は、幸いにも女性全員と話をする機会をもらった。どの人も私が正面に座るとホッとした様子だ。「女性と話せると、休憩、という感じがします」と。そうでしょうとも。緊張するさ。お互い様とはいえ、常に品定めし合ってるんだから。

多くの人は市の広報紙やホームページでこのイベントを知り、母親や職場の人に勧められて応募したと言う。「どんな人がいいとか、イメージはありますか」と尋ねると、「いいえ、こういう歳なので、贅沢は言ってられませんし、自然に話が合うような人であれば」とみなさん謙虚。どの人も飾り立てた様子はなく、目立つような面立ちでもなく、着てきた洋服に関わらずどこか色彩に乏しい印象もある。人気のある女優の中には、服装は地味でも発光するように目立つ人がいる。その所以《ゆえん》が美貌なのか、声質なのか、自信なのかは私にも解析できない。いわゆる「スポットライトの当たる人生」の人の輝きだ。おそらくここに居る人はその逆で、学校でも職場でも、別の種類の女性たちの陰に隠れてきたような空気がある。が、少ない時間でも直《じか》に話してみれば良識があって、人の話に耳を傾ける落ち着いた雰囲気がある。なかなか縁が見つからずにきたけれど、お相手さえ出来れば印象も一変するだろう。みんな賢くて気立ての良い妻になっているのが目に浮かぶ。――まあ、女の言う「可愛い子」は、男性には通用しないと言いますが……。

昼食前には「中間マッチング」と言って、気になった人の番号を一つだけカードに書いて提出する機会がある。1番の女性が「10」と記入していたとしたら、10番の男性のもとにはそのカードが届けられるわけだが、得票した人だけに渡されるのではあからさまだという配慮から、入らなかった人のもとにも〈がんばれ〉と書かれたカードを忍ばせた封筒が届けられる。ある女性は、封筒を開いて中を覗《のぞ》くや否や、顔色も変えずにまた閉じた。「午前中、私は誰からもいいと思ってもらえなかったんだ……」という忸怩《じくじ》たる思いとともに、午後に臨むのだろうか……シビア！　彼女らの心中を想像するとこっちまで胸がつまってきて、煮物、揚げ物、ハンバーグ、茶色一色の仕出し弁当が、とてもじゃないけど喉を通らない。

参加者たちの眼の下のくすみや深く刻まれたほうれい線などに反して、行われていることの甘酸っぱさ、子供っぽさに、端から見ていてドギマギする。中学の教室じゃあるまいし、「1番さんと2番さんが、俺のことを……だけど、俺が好きなのは3番さん」などと考えながら過ごすって、楽しいのか、情けないのか、もうわからない。しかし、出会いとは常に、恋とは常に、幼稚で恥ずかしく、童心に戻らねばできないことなのかもしれない。既婚・未婚に限らず、ある程度歳を重ねてくると、仕事や日常で異性と初対面になっても、「私のこと、どう思ったかしら」などとは発想しなくなるもので、逆に異性に対して絶えずそんな風に考えられる過敏さがあれば、とうに恋愛経験も豊富だろう。

「ほらほらほら〜何しに来たのよ、恥ずかしがってちゃもったいないでしょ〜」と、スタッフの女性たちがおとなしい彼らを、牧羊犬のように追い寄せながら手賀沼《てがぬま》まで歩いて出かけ、貸しボート屋の小さな遊覧船に乗り込んだ。船は古いが、二名掛けの席で参加者は否応《いやおう》なく二人一組になる。淡い日差しに揺れる葦《あし》の茂みを眺め、水の上を滑って来た風にあたる。程よいモーター音のおかげで、人の耳を気にせず語り合いが生まれ、あちこちを指差しながら時に微笑《ほほえ》み合う様子は、まるで長く連れ添った伴侶のようにさえ見える。誰もが、もはや幸せを摑む直前まで来ているようにも見えた。

市民センターに戻って来た参加者たちが、乾いて完成したグラスデコ作品を眺めている裏で、私たちは第二希望まで書かれた最終マッチング用紙の集計をし、結果四組のカップルが成立した。第一希望同士の両想いもあれば、第一希望と第二希望のヒリつく組み合わせもあった。全員の待機する大広間で、番号を読み上げられた男女はその場で立ち上がり、別に喜んで抱き合うでも手をつなぐわけでもなく、ぺこりと照れたように会釈してパラパラと白けた拍手を送られる。二十九名中八名はとりあえずの収穫を得たが、残りの二十一名の男女はこの一日を、あの怖いほどファンシーなグラスデコ作品とともにいったいどう持ち帰るのか。たった一日のこととはいえ、少しは心通わせ楽しく会話ができたと思っていた異性が、自分のことを一顧だにせずに他の誰かとくっついたり、背中を向けたまま帰って行くのを見て、心が震えずにいられる人はいるのか。おじさんだって、おばさんだって、人間だぞ。

しかしアフターフォロー万全の結婚相談所は終了後も居残り相談の時間を設け、希望者は、壁にへだてられた個室で自分の結果を聞くこともできる。

「14番の野口（仮名）です」

情報セキュリティー会社勤務の四十八歳。第二希望まできっちり書いたが、番号が呼ばれず結果を聞きにやって来た。礼儀正しく、物腰柔らかく、長身で野口五郎似のやや懐かしいタイプの二枚目だが、見るからに生真面目《きまじめ》そうで、自己紹介カードに書かれた文字もペン習字のお手本のよう。

「あ～、残念。でも10番の女性があなたを第一希望にしてくれてたのよ。しかも、第二希望なしで、あなたのことだけが良いと思ってたの」とAさん。

「10番……どんな方でしたっけ？」

「記憶にない？　ええと……（回収した自己紹介カードを開いて見せる）ほら。三十七歳でA市に住んでる調理員だって。焼肉、ラーメン、焼き魚が好きだって書いてある……」

「焼き魚……」

「ほら、この人よ！」

10番は正規会員ではなくこの日のイベントに一般応募してきた女性らしく、Aさんは事前に提出された免許証の白黒コピーの顔写真を開いて見せた。しかしディテイルが真っ黒く潰れたコピーからでは、野口さんだけでなくスタッフも誰一人、彼女を思い出すことができない。

「でもさ、じゃあさ、この人に私たちが聞いてみてさ、構わなければあなたの連絡先教えてもいい？」

「ああ、はい、ぜひ」

「よしそうしましょう。お疲れ様でした！」

野口さんは去り、次にやって来た女性に番号を尋ねると、「10番です」と言う。

「あ！　あなたが10番なのね！（確かにコピーとはまるで別人）　ちょっと待って、今14番の人があなたさえ良ければ連絡を取りたいって言って帰ったとこなのよ」

「本当ですか！」

「そうよ、よかったじゃない。きっとまだ下の入口あたりにいるわよ。誰か、連れて来て〜」

ほどなくスタッフに連れ戻された野口さんはしかし、困惑しきった表情であった。

「それが……大変失礼なのですが、たった今下で3番の女性が待っておられて、どうやら僕が3番の方を第二希望にしていたということを知って、よかったら一緒に帰らないかと言われたところなんです」

「あら……」

「あら……」

パーティ終了後のここに来て、まさかの野口さん争奪戦勃発。しかしそもそも野口さんに指名されていなかった10番の女性は、「でしたらそちらの方と、はい」と言って、しおらしく事態を飲み込み譲り渡した。

「……まあ、やるわね3番。なら、もしそっちがダメになったら教えてね。その時は10番さん、すぐ連絡するから。ね、それでいい？」と、もう頷《うなず》くしかない提言をして事態を収束させるベテランAさん。ああ、もしかしたらあり得たかもしれない10番と野口さんの恋。

しかし待ち伏せで野口さんをさらった3番の女性は、正規会員の四十八歳製造業。欲しいものは欲しいときに欲しいと言うのが幸福を摑む基本なのだ。引いて、譲って、後から泣くのは自分だということも、これまで数えきれないほど嚙《か》み締めてきたに違いない。ナイスファイト。一方10番の調理員さんはまだまだ女盛りの三十七歳。未来はあるぞ！

その後も続々とやって来る相談者に対して、スタッフの女性たちは粘り強く付き合い、策を練り、おはぎを食べながらの反省会に至るまで、猛烈に生き生きしていた。会員の情報は細かく頭の中にインプットされ、その人の過去の傾向やお見合いの失敗なども汲《く》み取って、まるで親きょうだいのごとく親身になっている。いや、むしろ親きょうだいでないからこそ踏み込める、というところが大きいのだろう。女の人は思春期の頃から、○○くんと○○ちゃんが引っ付いた、別れた、と我が事でもない色恋沙汰にエネルギーを投じ始めるが、それが職業として昇華するとこれほどまでに輝くとは。昔から存在した「世話焼きばばあ」や「仲人《なこうど》」などは、やはり自然発生的にその能力が発揮されたポジションだったのだ。「わかった、じゃあ私たちが連絡して、お相手の気持ちを聞いてみるわ。ダメならダメで、また別を紹介するわよ」などと言ってくれる人のいる天然物のコミュニティに所属している独身者が、今の世の中どれほどいるだろう。いい仕事だなあ、と思った。仕事というものは、誰かの何かの役に立っているという自覚がなければ辛《つら》くなってくるものだが、実を結んだときにこれほど達成感のあるものも珍しいだろうから。

「社会福祉に関わる組織の仕掛けるお見合いパーティとは、どんな感じだろう?」とふと思ったのがきっかけだったのに、すっかり作業に没頭し、もう水色のポロシャツを脱ぎたくないような気持ちになっていた。だめだめ。「西川さんも、よろしければ登録してね」と笑顔で送り出されつつ、取材は充分、もう主人公のパーティシーンは三六〇度どこからでも描ける、と自信がついたのに、脚本をシェイプしている内に第二稿であっさりカット。お見合いの場面は跡形もなくなってしまった。――これを「無駄」と言うのだろうか。いや、人間、必要な筋肉だけでは風邪《かぜ》をひくのだ。来るべき冬の日の風雪に耐えるには、柔らかいお肉があっていいのよと、自分を慰めながら、今日もまた、知らない人に会いに行く。

追記:その後「野口さん」は、3番女性とは条件が折り合わず、10番女性には逆にフラれ、初心に戻って第一希望だった医療事務の女性とお見合いした結果、めでたく婚約のはこびとなった。今年の手賀沼の花火は、市民センターの屋上で二人で観るそうである。

ともだち

2018年12月号

「俺たち、友達だよな」というのが、是枝裕和監督の口癖だった（「だった」と書くと故人の言葉のようだが、今は秋のパリでカトリーヌ・ドヌーヴやイーサン・ホークと新作の撮影中なので、ちょっと遠い人になったような気がしているだけ。お元気です！）。そう言われたって、あなたは私をこの世界に入れてくれた〝師匠〟じゃないの、と思いつつも、是枝さんとしては、とうに一本立ちした弟子に対して師匠と名乗り続けるのが心地が悪いのかもしれない。しかしいっぽうで「俺、友達いないから」というのもまたその口癖であった。もとは小説家を目指した文学青年で、酒もタバコもギャンブルもやらず、活動めいた集団行動や馬鹿騒ぎが性に合わない。テレビ業界に就職してからも縦割りの人間関係に馴染《なじ》まず、人にへつらうのも厭《いと》い二十代も後半には独立独歩でドキュメンタリー制作を始めた。今では常に助手や参謀を周りにつけて、人と食事にも出かけるが、とにかく類を見ないほどの仕事の虫で、どんな会食も打ち上げも、一次会で姿を消して必ず仕事場に戻る。スポーツや麻雀《マージャン》も誘われれば加わるが、一たび勝負となると目つきが変わり、初心者相手にも勝たねば気がすまない様子だ。「和をもって」という遊びがない。これらを友達のいない人の特徴というのかどうかは定かでないが。

それが数年前に私も含め十人前後で会社を作り、毎年一度くらい若い人も連れて茅ヶ崎《ちがさき》のちいさな旅館に執筆合宿に行くのであるが、やたらみんなで一緒に浜で花火をやりたがったり地元のお祭りに出かけたがったりする。

「明日からご家族も合流されるんでしょう。花火は奥さんやお嬢さんとなされば良いじゃないですか」

「家族ともやる。だけどお前たちともやるんだよ!」

「大学時代にバカにして寄り付きもしなかったサークル活動を今になって私たちに求めるのはやめてください」

「うるさい。これは、俺が作ったサークルだ!」

しかし若輩から茶化されても是枝さんは臆することもなく、胸を張っているようでもあった。肩組んで馬鹿騒ぎする仲間が何だ。朝まで酒飲んで、殴り合って、互いの傷を舐《な》め合う関係性が何だ。若いころ、生身の人間関係を深めることに苦手意識を持っていたからこそ、自己の内側と向き合う小説から是枝さんは目を上げて、カメラという他者との媒介の機器を手に取った。レンズを通し、「撮ること=撮られること」という距離感の中で取材対象者との関係を作り、共犯関係を築き、「見つめる人」だけが引き出すことのできる言葉や、感情や、時間をビデオテープに収めて優れたテレビドキュメンタリーを作った。

自分の中の欠落を軸にして、自らの仕事のアイデンティティにしてきたという自負もあるのだろう。友達なんか、その後からでも出来る。俺は、いまじゃ、イーサン・ホークと友達さ。

かく言う私も四十路《よそじ》をとうに越え、気がついてみたらさほど友達らしい友達がいるとも思えなくなった。家庭を持っていれば、ママ友やら家族ぐるみのつきあいやらも増えるのかもしれないが、中年の単身者はそんな新たなサークルにも入りそびれ、家事や育児を抱えた同世代を仕事終わりや週末に「あーそーぼ」とつかまえるほど無邪気にもなれず、気軽に関わりを保てる関係性は年々収斂《しゅうれん》されていった。

いっぽう映画の仕事で知り合う人たちとの関係は、一過性ながら精神的には恋愛関係にも似た昂《たか》ぶりがある。撮影現場の技術者も俳優も宣伝のスタッフも、作品作りの最中には熱に浮かされたように関係が濃密になり、誰よりも信頼し、運命を委ね、互いへの愛も熱くささやき合うほどだ。

「○○さん、今日もありがとう。素晴らしいお仕事ぶりでした。○○さんにこの仕事やってもらってほんとに良かった」

「僕こそ、この作品、ほんとに好きです。絶対いいものにしますよ」

「まあ、○○さん……」

「監督……」

しかし作品が完成するや魔法が解けたようにぷっつりと連絡を取り合わなくなり、彼らは平気で他の男や女に抱かれていく。たまに恋しくなって連絡を入れても、よその船に揺られて遠いどこかの地に連れ去られたまま身も心も疲労困憊《こんぱい》しており、何ヶ月も返信もない。そのくせ、監督の私が別の作品で別のスタッフと組んだことを知らせたときの彼らの真っ白い顔といったら。

仕事の仲間なんて所詮利害でつながっているのだから、利益が取れる相手と組むのが健全なのかもしれないが、日本の映画の世界の人間関係にはもともと任侠道《にんきょうどう》にも似た連帯があるのだ。拾ってくれた赤の他人を親と認めて契りを交わせば身も心も捧《ささ》げ、組のために滅私奉公を誓う。規律は正しく、甘えを嫌い、上下に左右に、常にヒリヒリした緊張が張り詰めているが、互いの精神的な結びつきはきわめて高い。給料が安いとか、危険な目に遭わされたり昼夜なく働かされたりするなぞということに文句を言う発想すらなく、ただやみくもに子は親に尽くし、尽くしてさえいれば、親は子を認めていつまでも深い絆《きずな》で結ばれる。もとをただせば、若い頃に観た何かの映画に魅了され、その世界で生きてみたい、と喉に焼け付くような渇きを感じながらしゃにむに飛び込んだような人がほとんどだ。思い描いていた理想と現実が違っても、社会でつぶしの利くような有資格者や高学歴のエリートは少なく、自分の生きられる場所はここだけだ、と不器用に思い込んでいる。目先の利益には動じないし、打算もない、無骨で純粋な人たちなのだ。

私にも、若いころからいくつも一緒に現場をしのいできて、このまま一生つきあっていけそうな仲間が幾人かはいる。撮影が終わってからも旅行をしたり飲みに行ったり。互いの今の仕事の辛さも話し合うし、家族や男や女の話を、打ち明けることもある。同じ釜の飯を食って、同じ苦境をしのいだ時間も長いから、涙も見たし、怒る姿も見てきた。少し家族に近いともいえるだろうか。しかし人間同士は、家族的になればなるほど、言えないことが増え、秘密も増す。一度ひずみが入れば取り返しのつかない深手となるのも、そういう関係性だ。


去年の暮れ。私はそんな、家族にも似た仲間を一人、切り捨てた。

新しい映画に出資してくれる会社の、私より少し若いプロデューサーから提案を受けたのだ。

「監督、この作品をやるにあたって、一つだけお願いがあるんです。僕が信頼する、若くて優秀なスタッフをご紹介させていただけませんか。監督とは前からぜひともご一緒したい、と熱望してくれているんです」

「わお。そりゃ嬉《うれ》しい。ぜひとも呼んでみてください」

「ですがそれはつまり、これまでの方にはご遠慮いただきたい、ということになるんです。心苦しいのですが」

このプロデューサーとも仕事をするのは二度目である。物腰は柔らかいが、タフで、誠実で、約束を守り、声高ではないけれど作品を愛し、覚悟のある男性だ。

「それは、あなた自身が、前回私の連れてきたスタッフとはやりづらかったということですね」

「はい。監督が信頼を置かれているのはよくわかっています。素晴らしい仕事をされる人だし、その筋ではピカイチだとも思っています。勉強もさせていただきました。ですが、僕には許せない仕事の仕方もありました」

私の前作は、春、夏、冬、と、3シーズンに分けて撮影をした。1シーズンごとの撮影は二週間から四週間で、撮影が終わるごとにスタッフは解散し、次の季節の撮影が近づけば、再招集される。稼働時以外の給料は支給されないので、フリーランスのスタッフは合間を埋めるために自ら別の仕事を探し、日々の糧を得なければならなかった。3シーズン分の給料で、みんなが一年楽々食べていければ良いのだろうけれど、それほど潤沢な予算が準備されているわけはない。短期の仕事がうまく狭間にはまる部署もあれば、そうはいかない部署もある。他の仕事の比重の方が高くなり、途中で離脱していくスタッフもいたし、他に仕事がやりくりできなくても、黙ってついて来てくれた人もいる。いずれにしても、みんなに無理を強いていた。しかしそのような生計面の愁訴を監督の私の耳に直に入れようとするスタッフはいない。不満や衝突の受け皿となり、空いた穴を懸命に埋めてきたのはこの若いプロデューサーだ。

「あなたのご負担が大きかったことは、よく理解しているつもりです。私と親しい古参のスタッフに対して強い言葉を言うわけにもいかず、随分ご辛抱もされたでしょう。ですが、やはりどうしても、折り合って一緒にやっていただく方法は見つかりませんか」

「残念ながら、僕には難しいです」

歳を重ねても組織に所属せず、管理職にも回らず、現場にこだわる人種というのが必ずいる。たいていは職人気質《かたぎ》の働き者で、汚れ仕事も厭わず、弱い者には優しい魅力的な人々だ。けれど、仕事のやり方にはこだわりが強く、自分の中の道理にたがう輩《やから》にはかたちばかりでも頭を下げられず、反感が顔に出る。形式的な社交辞令が苦手で、二枚舌、三枚舌の大人の世界を少年のように白眼視している。「文句があるなら、上に上がって偉くなるしかないんですよ」と周囲から諭されてもスタイルを曲げず、気づけば年の離れた無垢《むく》な新入りを犬猫のように可愛がるくらいしか居心地の良い場所はなく、勢いのある年下の中堅からは、煙たがられるのだ。

「僕にそこの布陣を任せていただけるなら、監督と作品にとっては、必ず良い結果になるように、それだけはお約束しますので」

「そうですね。きっとその言葉に、嘘《うそ》はないと信じています」

「ご承知くださいますか」

「承知する、しかありません。おたくの会社が出資してくれるから私は映画が作れるんですし、あなたと一緒に仕事ができなければ、この映画を作るのも、ものすごく難しくなるでしょう。それに私だって、若い人たちと仕事をする機会も持ってみたいんです。長いつき合いのスタッフたちの中には、もう私の作品にときめくことができない人もいるでしょう。またこれか。いつものやつね。そんな冷めた目で仕事をしてもらうくらいなら、どうぞ断ってくれと言いたいときだってある。長くやっていればそうなるのは自然なことだし、お互いに新しい境地を見つけていくべきだとも思う。人事には、新陳代謝が必要です。入れ替えるべきだ。でも、一つ言っていいですか」

「どうぞ」

「きっと私は絶交されてしまう」

「そんな、まさか――」

「いいえ、絶交です」

「マジかあ……いい加減大人になろうよお」

じっと黙って聞いていた別のプロデューサーがたまらず横から悲鳴を上げた。

「――その通り。実に子供じみたことだよ。しみったれて、粘着質で、大人げない。でも、そういう人物にこれまで作ってきてもらったのが私の映画です。あの人は、私が助監督の見習いで初めて現場に入って、撮影機材の名前一つ知らないときから、何でも教えてくれた先輩なんです。監督になった後も、たくさん有能なスタッフを紹介してくれたのはその人だし、無理難題を背負って、何千キロも車を走らせて私のイメージを探してきてくれたのもその人ですから。三年か四年に一本しか撮れない私の作品に期待して、他の現場をやりながらでもじっとシナリオが書けるのを待って、見境もなく私の才能なんかを信じたりして、これまでずっと一緒にやってきてくれたんです。私も不満はありますよ。もともと目つきが悪い上に、歳をとってすっかりおじさんなのに、ますます意固地になって、相変わらず好き嫌いは激しいし、若い人は縮み上がって、言いたいことも言いづらい。もうちょっと柔らかくにっこりできませんか、みんなあなたと仲良くやりたいんですよ、って、何度説得したかもわかりませんけど、でもブスっとしながらでも私の映画を信じて作ってきてくれたのはやっぱりその人なんです。私の思い上がりでなければ、私の映画をやることはあの人の生きがいだったはずです。それを、この私が自ら取り上げるってことですか。二十年のつきあいを、今ここで、人から言われて、はいそうしましょうって、私は切るってことですか」

「……やっぱり難しいでしょうか」

「いいえ、独り言です。聞いていただいてすみません」

「監督、ぜんぶ僕のせいにしてもらって構いませんから」

「それでも俺よりあいつを取ったんだろ、と思われるまでのことです。私が自分で決めたことでいいんです。でも、すぐには言えない。時間をください」

少しでも時間稼ぎをして、誰かの助言や、自分を肯定してくれる言葉が欲しかった。スタッフを取捨選択するのは私の当然の権利であり、若いプロデューサーから厳しい評価が下ったのは、私の落ち度ではなく彼の落ち度じゃないか。折り合いの悪い古株と新鋭の板挟みになって、撮影中も夜も眠れないほど気を揉《も》むのはもうまっぴらだ。そんなことに時間を割くことのどこが映画作りだよ。くだらない。冷酷か。非情か。恩知らずか。で、その何が悪い――とはいえ……。時間が欲しいと言ったはずだったが、堂々巡りに陥る前に、もうたまらず「会えませんか」と呼び出していた。師走《しわす》の風が吹いていて、こんなことを抱えたままでは到底年など越せないと思ったからだ。

呼び出したレストランで、その人はメニューも見ずにコーヒーだけ頼んだ。いつもは最近観た映画の話から始まるが、どちらともなく雑談を控える硬い空気が漂った。本題を避ける不誠実はすぐにばれるような気がして、私は切り出すしかなかった。長くはならなかった。声を震わせる私の話が言い訳めいてくる前に、「ああ、わかった」と切り上げられた。

「凡《おおよ》そ察しはついてたよ。あなたから突然呼び出されるってことは、誰かと結婚するって報告かクビかくらいしか、もう残ってないでしょう」

「面目ありません」

「理解はできる。プロデューサーも操縦しやすいメンバーでやりたいんだろう。お前がその会社で映画撮っていくのはいいと思うし、世代交代もしていかなきゃいけないからな」

私が思っていたよりも、兄さん、ずっと大人だった。

「でもお前が望んだやり方だと、俺は十分に下を食わせていけなかったんだよ。いまのやつらはかわいそうでさ。昔はボロボロになるまで働かされても、憧れに見合うだけのものが現場にある気がしてたんだ。生活は最底辺でも自分たちは『映画』をやってるんだ、これは他のものとは違うんだ、ってプライドも喜びもあったからな。映画をやらなきゃ逢《あ》えないような格のある監督もいたし、役者もいたし。でもそんなのもう、何にもなくなっちゃったじゃん。いまの若いやつは、うまみも憧れも持てないモノのために、俺たちの頃よりさらに安く激務を課されてて、悲惨だよ。こいつら一体、何が楽しくてこんなことやってんのかなあ、って俺から見ても思うもん」

そうはさせまいと思って、これまで映画のことを考えてきたつもりなのに。「映画」が他とは違う、人の憧れであり続けるために、考えて、考えて、やっとひねり出した映画にこの人を呼ばないという、私の決断。

「だから俺は、もう八時間労働大歓迎だよ。休みとか、金とか、ちゃんとしてやらねえと、ほんとに十年後には現場から人なんかいなくなるぜ」

折にふれて現場のこんな耳の痛い話を聴かせてきてくれたのも、この人だった。

「本当にすみません。受け入れていただいて、お礼の言葉も見つかりません」

「ああ、まあね」

こういう私の、慇懃《いんぎん》さがいけなかったのだろうか。

「私、今日、絶交されるの覚悟で来ました」

「何だそれ。死別ってわけじゃないんだから」

そう言って、別れたまま、もう連絡はつかなくなった。

恰好《かっこう》の良いことを言ってみたものの、夜ごと思い返すほどに私の薄情にはらわたが煮えくり返っていったのかもしれないし、仮に私を恨んでいなくとも、辛さに、過去に、拘泥《こうでい》しそうになる自分を立て直すために、人は他人を断ち切ることもある。なるほど子供じみているかもしれないが、「いいお友達でいましょうね」では利かないところまで互いに行き着いてしまっていたのだ。私たちは、そんな、きわめて時代後れで、ある種なまめかしい関わり方で、仕事を続けてきた。

同じ職種の人の中で、一年か、二年に一度、気が向いたときに、脈略もなくただ会うだけの人がいる。映画監督の山下敦弘さん。十五、六年前、盛岡の町おこし的な映画祭の新人コンペに呼ばれて、賑《にぎ》やかな催し物が続く中、「居場所がなさそうな人がいるな」と互いに思って話しかけたのがきっかけだった。審査員で来られていた北方謙三さんが、ブランデーを手の中で揺らしながら、「いいかお前ら。物語ってのはなあ、血で書くんだよ」と語られるのを見て、「北方謙三が、『北方謙三』だね」と二人で顔を見合わせて仲良くなった。私と山下さんは作るもののタイプは大分違うが、たまに新宿あたりで会っては、他愛《たわい》もない話をして、時には脚本家の向井康介さんも合流して、三人で、何を話したのかわからないほど飲んで、また間が空く。飲んだ勢いで、「一緒に何かやろうよ」なぞとつい言ってみるが、酔っ払っているからその後それが実現したこともないし、だからと言って気まずくなるでもない。お互い作品の準備や撮影に入っていると、滅多に思い出すこともなく、「あそぼ」と言っても「ちょっと待ってね」と言って、そのまま誘い合ったことすらまた忘れる。これから先もこれ以上濃密になることもなければ、完全に切れることもなく続いていくような気もしている。特別何を支え合っているというわけじゃないが、同じ時代に生きる同じ生業《なりわい》の人の中に、その二人がいてくれることが、何となく、いつも変わらず嬉しい。向こうがどうかは知らないが、私にも、この世界にともだちがいると思わせておいてもらえるなら、幸せだ。

時代

2019年3月号

新年早々のゴールデングローブ賞で最優秀外国語映画賞と監督賞を獲《と》った『ＲＯＭＡ／ローマ』を観た。発表の翌日。正月明けの実家で。

これまで三大映画祭や、ゴールデングローブ、アカデミーの外国語映画賞などに選ばれた洋画は、その評価を受けて日本の配給が決まったり、あるいはそれを宣伝文句にして、満を持しての劇場公開、と時間を経てお披露目されるのが大半だった。いろいろ褒められてたけど、実際どんなものなんだろう？　早く観たいね、まだかな、まだかな、とわくわくしながら封切りを待ったものだ。それがこのたび、なんとテレビのリモコンをいじくると、受賞のニュース直後にこたつに入ったまま観ることができたのである。なぜか。『ＲＯＭＡ／ローマ』は、全世界のＮｅｔｆｌｉｘ《ネットフリックス》契約者を対象に、すでに配信が開始されている作品だからである。そして私は今、Ｎｅｔｆｌｉｘ一ヶ月無料お試し視聴中の身だからである！　月八百円の定額料金を支払って正規契約者になりさえすれば、十年後でも地球の裏側でも、何百回でも観ることができる。しかし、この先『ＲＯＭＡ／ローマ』を日本の映画館で観られる人は、誰ひとりいない――と、公式には言われている（二〇一九年一月二十五日現在）。

映画館で公開される映像をのみ、私たちはこれまで「映画」と呼んできた。似たような手法で作られても、テレビで放送されるものは「テレビドラマ」。ビデオパッケージのみで販売される作品は「Vシネ」。誰が撮っていようと、どんな内容だろうと「映画」と呼ばれるには劇場のスクリーンにかけられることが前提で、映画祭や映画賞も、「映画」と称されるものにのみエントリー資格が与えられてきた。

ひところの新宿、渋谷の決まった場所には、早朝ずらりとロケバスが並び（それを警察も取り締まらず）、撮影場所への出発を前にした顔見知りの映画スタッフ同士が缶コーヒーやタバコ片手に輪を作っては、互いの近況を語り合っていた。


「今何やってんの」

「Vシネばっかで死にそうだよ。そっちは何」

「西川組。一応ホンペン」

「うらやましいねえ」

「金ないけどね」

「それでもいいよ」


ひと昔前までの日本の映画界の人たちは「劇場公開映画」を「ホンペン（＝本篇）」と呼

んだ。低予算の現場に苦虫を嚙み潰したような表情で愚痴りつつも、「ホンペンだけど」と言える人々の頰には、誇らしさがのぞいていた。自分たちの作るものは劇場にかかるものなのだ、ということこそが映画制作者たちのたった一つのアイデンティティであったのだ。

しかしそのシンプルかつ絶対的なルールが、近年大きく揺さぶられ始めた。Ｎｅｔｆｌｉｘやａｍａｚｏｎなど、既存の映画を契約者のテレビやパソコン端末に配信するサービスを行っていたアメリカの企業が、二〇一三年ごろから自社オリジナルの作品製作に乗り出したのだ。オンライン配信サービスはすさまじい勢いで世界中に広まり、契約者数を伸ばしている右肩上がりの業界だ。巨額の製作費を惜しげもなく投じ、人気監督たちに「好きなようにやっていいよ」と作らせた作品は内容も高品質で、その評価は米国国内にとどまらず、二〇一七年、Ｎｅｔｆｌｉｘオリジナル作品はついに二本同時にフランスのカンヌ国際映画祭のコンペティション部門に選出されたのだ。米国ノア・バームバック監督の『マイヤーウィッツ家の人々』と、韓国のポン・ジュノ監督による『オクジャ』。韓国国内で『殺人の追憶』や『グエムル』などオリジナリティ溢れるエンターテインメント映画を作ってきたポン監督はカンヌも常連で、賞レースの有力候補でもある。『オクジャ』は食糧難にぶち当たった世界で人工的に造り出された巨大豚とそれを愛する少女の物語。架空の巨大豚が野山や大都市を駆け回る場面はハイクオリティなＶＦＸてんこ盛り、主要キャストにはハリウッド俳優も配置された。総製作費は推定五十億円。私の映画なら二十五本から三十本作れます。

しかし映画祭の開幕を待つまでもなく、「映画館でかからないものを映画扱いするな」と抗議が寄せられた。物言いの主はフランスの映画館連盟さま。

フランスでは、映画は重要な国の文化として保護されてきた。新作映画のストリーミング配信は劇場での封切りから三十六ヶ月後まで解禁されず、同じＨｕｌｕやＮｅｔｆｌｉｘの加入者でも、私たちがとうに自宅で観た作品を、フランスに住む人たちは三年間もお預けを食らわされているのだ。「映画が観たけりゃ劇場へ行け」という古式ゆかしきモラルがいまだ主流を貫いており、劇場の興行主は客足を早々に配信に奪われてしまう心配がない代わりに、チケット売り上げの約十一パーセントは新たな映画を作る人々のための助成金として徴収されるシステムに従ってきた。映画人と映画館を守るこの誇るべき伝統と規制によって、商業主義に片寄らない、多様なフランス映画が作られ続け、カンヌも格を保って来たのではないか。そこをなんや、アメリカの何ちゃらいう、わけのわからんもんに勝手なことさせて、お前らどないすんねやっ！　……と劇場さんたちが血相を変えたというわけ。

これを受けてカンヌの映画祭側はＮｅｔｆｌｉｘに「みんな相当怒ってるみたいなんだ……ちょっとだけでもフランスの劇場で上映してみない？」と打診したものの、答えは「ノー」。俺らのオリジナル作品どこより早く流すぜ、守る気ないぜ既得権層、それが俺らのポリシー、それが俺らの独占配信、ＹＯ！　……というわけで両者は決裂。カンヌは方針を一変し、二〇一八年以降はフランス国内で劇場公開されない作品のコンペティション参加は認めない、という意思表明をしたのである。

　審査員の中でも意見は真っ二つ。審査員長を務めたスペインのペドロ・アルモドバル監督は「新しいテクノロジーを認めないというわけではない」と前置きしつつも「私が生きている限りは、観客のため、大きなスクリーンでしか得ることのできない『陶酔』のために戦うつもり」と発言し、劇場公開されない映画はどんな賞も獲るべきではないと突っぱねた（後に撤回し、ポン監督に謝罪）。それに対し、米国俳優のウィル・スミスは「僕の子供たちはＮｅｔｆｌｉｘと劇場両方を大いに活用している。子供たちが観る機会もなかった作品を鑑賞できるＮｅｔｆｌｉｘは利点でしかない」と擁護した。「因習に固執する欧州の巨匠VS次回作はＮｅｔｆｌｉｘ出演でがっぽり稼ぐ予定のハリウッドスター」というわかりやすい対立構造にも見えたものの、いずれの主張も納得はできる。

　翌年、前言通りカンヌはすべてのＮｅｔｆｌｉｘ作品をコンペから除外した。大ヒットした『ゼロ・グラビティ』でも有名なアルフォンソ・キュアロン監督の『ＲＯＭＡ／ローマ』は、制作途中からカンヌにも注目されており、すでに二〇一八年のコンペに選出が内定していたというが、完成間近になってその配給権をＮｅｔｆｌｉｘが購入したことで、エントリーは取り消されてしまった。「オープニングや、特別上映や、せめてコンペ以外のお披露目枠に参加しないか」というカンヌからの打診に対しても、「賞争いにかかわれないのなら参加の価値なし」とＮｅｔｆｌｉｘは一蹴し、すべての自社作品をカンヌから撤退させ、まさに背と背を向け合う状態に突入したわけである。

しかし！　カンヌに次いで世界屈指の映画祭であるベネチアは、なんとＮｅｔｆｌｉｘに門戸を開いた。五月のカンヌにしりぞけられた『ＲＯＭＡ／ローマ』は八月、世界最古の歴史を誇るベネチア国際映画祭の最高賞を獲得したのである。さらには最優秀脚本賞もコーエン兄弟監督のＮｅｔｆｌｉｘ作品に手渡された。保守のカンヌVS革新のベネチア、という印象を与えざるを得ず、二つの世界Aランク映画祭の方針がはっきりと分かれた。

Ｎｅｔｆｌｉｘからまだ一本の電話もメールももらったことのない〝映画界の片隅に〟いる私だけれど、この一連のゴタゴタは遠目に見ていてもなんだか器量の狭い、いやぁな感じのする話で、除外だの撤退だのとトゲトゲした言葉が飛び交って、これじゃまるで戦争じゃないか、と鼻白んでしまった。

青臭いことを言うようだけれど、映画の精神は「壁を立てたり」「排除したり」という概念とは最も遠いところにいなければならないものであり、劇場やスタッフが生き残っていくために利潤を主張するのは当然としても、せめて国際映画祭くらいは、どんな作品に対しても公平で、まだ見ぬものに敬意を払い、光をあてるのがその役割だったはずなのに、なんだよ「フランスで公開されない作品は映画にあらず」みたいな言い方しやがって。ならば日本で公開されないフランス映画を「映画にあらず」と言われてみろよ。失礼な。

一方でNetflixよ。儲《もう》かってんだったらケチケチせずに劇場でかけろや。何十億円もかけて作った大作をチマチマ携帯の画面で観られたり、途中で止めてトイレ行かれたり電話に出られたり、製作者としての美意識やプライドってものはないのか？　これまで他の誰かが必死で作った映画の配信でさんざん商売してきたんだから、伝統や文化の保存に少しぐらい寄与しろよこのしぶちん野郎！

と、汚い言葉を口の中で繰りつつ、何を隠そう私だって映画は劇場だけで観てきたわけではなく、テレビの「水曜ロードショー」や「ゴールデン洋画劇場」に始まり、レンタルのVHSテープやDVD、市販のブルーレイなどで観た数の方が圧倒的に多い。もしも映画の感動が、大スクリーン、大サウンドシステムの環境下で鑑賞しないと伝わらないものだったとしたら、私は映画監督になどなっていなかったかもしれない。川島雄三の『しとやかな獣』も、長谷川和彦の『太陽を盗んだ男』も、シドニー・ルメットの『狼たちの午後』も、頭を殴られたようにショックを受けた映画は、十九歳のときに秋葉原で買った十四インチのテレビのブラウン管で観た。十四インチで観たって、面白い映画はちゃんと面白いし、人の人生も変えるのだ。

映画館という公共の場に集い、他人同士で感動を共有する体験こそが重要なのだ、などという保守派のコメントも、もはや夢物語である気もする。私が見てきた限りでは、日本の観客はおそらく世界一おとなしい。満席の場内でも皆が周りの出方を窺《うかが》いつつ、息をひそめているのがわかる。子供のころに通った映画館にはまだ、自分にはよくわからない場面で笑う大人の声がしていた。人が笑わない場面や、皆がどっと沸くより一瞬先に笑い声をあげる大人に「通」の匂いを感じ、ガキんちょにはわかるめえ、と言わんばかりのその尊大な後ろ頭には、「俺が映画の見方を教えてやる」という心意気すら感じたが、そんなおじさんも滅多に見かけなくなった。もう映画館には自由もあやしい味わいも存在せず、シネコンで映画を観ても、むしろひとりぼっちで孤独な感覚に陥ることがある。

あーあ、それにしたって、こんな話題作を家のテレビモニターで観るとはねえ、とまだブツブツ言いつつ（タダなのに）、意を決してポチッとスタートさせた『ROMA／ローマ』がどうだったかというと、65ミリの高解像度6Kカメラで撮影された奥行きのある鮮明な画質に、ドルビーアトモス仕様で完成された重層的な音……って、何言ってるんだかわかります？　私もよくはわかっちゃいません。自宅でそれらの良さがほんとうに味わえていたかどうか。四十五分おきに前立腺肥大気味の父親が起きてきてトイレの水を流す音がする。同じく四十五分おきに缶ビールが空になって、一時停止ボタンを押して台所へ立つ。「あけおめ！」と来たLINEに返事を打つ。完全に映画への冒瀆《ぼうとく》の限りを尽くしながら、それでもなお、『ROMA／ローマ』は……これがもう、信じがたいほどに「映画的」な作品なのであった。長い長いワンカットは寡黙で美しく、物語はやさしく、構えもせずに静かな波の上にゆらゆら浮かんでいたら、知らぬ間に、深い、苦いところに飲み込まれていたような体験だった。百三十五分の長い映画だが、「終わらなくていい」とさえ思った。ほどよく酩酊《めいてい》した私は、隣の客に気兼ねすることもなく、おいおいと泣いてしまった。一つは映画の中身に。もう一つは、こんな映画を映画館で観られないことが当たり前になりつつある未来に。

けれど『ROMA／ローマ』のような映画が、なんの触れ込みもなく興行側に歓迎されることはなかっただろう。カンヌに続き、もしベネチアからも評価を受けなかったならば、世界的にも埋もれたまま終わっていたかもしれない。映像はモノクロで、キャストは無名のメキシコ人俳優や子役。ジョージ・クルーニーもサンドラ・ブロックも出てこない。全編メキシコのネイティブなスペイン語だけで織り成され、英語映画しか受け入れる習慣のないアメリカ国民にはそれだけでハードルが高いという。ドラマは一九七〇年代のメキシコの中流家庭に起こる小さな出来事を描いただけで、劇的なサスペンスもアクションもない。「悪い映画じゃないのはわかってるけど、どうやって売ればいいのかわからない」と配給主から言われそうな匂いがぷんぷん漂う作品だ。売る側のセオリーに当てはめられて中身に注文をつけられたり、一、二週間の客入りだけで見限られ、あっという間に上映回数を減らされたりするくらいなら、とキュアロン監督やプロデューサーが、長く、広く観られ続け、内容の自由を保障してくれるNetflixに配給権を渡す選択に至ったのは、6Kのカメラを知らない私にもよくわかる。つまり彼らは、内容を最も映画的に保つために、最も映画的でない公開方法をチョイスしたのだ。なんというねじれ現象！

自分の身に置き換えてみても、もしこれから作る作品が一度も映画館で上映されないということになったら、何を目安に作るべきかを見失ってしまうだろう。たとえ予算を十倍かけて良いと言われても、これだけは、とひしと胸の内に守ってきた自らの核を手放すことのような気がする。けれど、六本木に住んでいようが、離島に住んでいようが、月に千円前後で世界中のあらゆる映画を同時に観られる時代は、決して悪くない。自分が文化的だと思い込んできた習慣がもはやそうではなく、別の文化に取って代わられて行きつつあるのかもしれない。新しくやって来る時代がまた終わりを迎えるころ、映画館はまだ生き残っているのだろうか。

一つだけ、思い出深い映画館の話を。

七年前、カナダのトロント国際映画祭で自分の映画が目の前で燃えたことがあった。映画館の上映も、十年前くらいからフィルム上映からデジタル上映に移行し始め、熟練の映写技師が一作品につき六〜七巻もある大きなフィルムリールを順番に映写機にかけながら見張っていなくても、ハードディスク一つつなげばポンと上映できる新たな機器が映写室に導入されて行った。当時はちょうど世界中が移行の端境期だったので、完成した作品を劇場の設備に応じてデジタルデータと35ミリフィルムと両方で納品していた。

トロントの会場は、まだフィルム上映のできる劇場だった。私としてはありがたい。なぜなら、招待された『夢売るふたり』という作品はデジタルカメラで撮られたものだったが、〈デジタル撮影→デジタル上映〉と、〈デジタル撮影→フィルム上映〉とでは、わずかだが上映の印象が異なるからだ。フィルム上映の場合、デジタルの素材に、フィルムの粒子が乗って曖昧さや柔らかさが加わる上に、映写機のレンズの前を文字通りフィルムが回り、走って行く。その、動きがある。まさに「ムービー」だ。フィルムが走れば、スクリーンに映し出される映像には揺れが伴う。この、不確かで、生っぽいかすかな揺れ。それこそが、映画がいかにも人間的な文明の産物であることのしるしだ。まさに劇場のスクリーンでしか得られない体験であり、デジタル上映がどれほど画一的な品質を保っても、再現のしようもないものだろう。

いつまで自分の作品がフィルム上映で観られるかもわからなくなっていた時期である。私は喜び勇んで劇場に足を運び、現地のお客さんと並んで鑑賞を楽しんでいたのであるが、物語も佳境に入り、あと残り二十分かそこらという時だった。夫の裏切りに嫉妬の炎を燃やし、怒りに震える松たか子さんの白い頬が、突然固まったかと思うと真っ赤《まか》に色づき、黒くなり、見る間に内側から溶けて、バチコーン、という破裂音とともにスクリーンは真っ白になった。「ひや〜お」という観客の悲鳴。なんちゅう斬新な演出！　でも私、身に覚えなし。

音も止まり、映像は続かなくなり、場内は、ざわめき始めた。ちょっと今ので終わり？マジか。クレイジー。中には、あまりの唐突さに感動を覚えかけてるっぽいお客もいるようだ。でも私は、こんなアナーキーな終わり方をできるほど破天荒な作り手ではない。がっかりさせるようだけど、これで終わりじゃないと知っているのは場内で私だけ。慌てて会場を駆け出して、外でガムを噛んでいたボランティアスタッフに拙い英語ですがるように叫んだ。

「マイ・フィルム・イズ・バーニング！」

フィルムが燃えるなんて、映画の中でしか知らなかった。しかも自分の映画が、残り二十分のところで途絶えてしまうとは。構成のパラダイムからしても「いちばんいいとこ」なのに、観ている方はどんなにモヤモヤすることだろう。トロント映画祭での上映は会期中に多くて二、三回だ。それに合わせてわざわざ足を運んでくれたお客さんたちなのに、「すぐ次の回に席を用意します」と補償してあげることもできない。映写技師は懸命に応急処置を試みていたが、十分、二十分と時間が経つごとに、一人、二人とお客さんも席を立った。戸口で所在なく立っていた私に、「面白かったんだけど、もう行かなきゃならなくて」と手を握ってくれた人もいた。

そのあとのことはよく覚えていないけれど、それでも客席の多くは辛抱強く残ってくれ、三十分が経過したころには上映も再開されて、少しシーンが飛んで抜けてしまったが、最後まで上映することができた。エンドロールのあとの拍手は、映画そのものというよりも旅の最後まで辿り着いた者同士の拍手のようでもあったし、肝を冷やした私に対する慰めも含まれているようで、トロントのお客さんにはひたすら恐縮してしまった。あとから聞けば、どうやらフィルムのパーフォレーションと呼ばれる送り穴が何かの原因で映写機の「爪」と粘着してフィルムが走らなくなり、映写の光に熱されて、燃えて断ち切られてしまったのだということだった。映画祭の運営側は破損したフィルムを弁償し、仔細な事故のレポートとともに大変丁重な謝罪までして下さったのだが、いまにしてみれば、自分の映画がフィルムで上映されていたことの証のような、大切な思い出である。これから先は、撮り終えた映画がフィルムで納品されることもなくなるだろう。二度と松たか子は燃えない。ホッとするような、退屈なような未来である。

追記:『ROMA/ローマ』は、二〇一九年アカデミー賞外国語映画賞・監督賞・撮影賞を受賞し、全世界での好評を受けて同年三月に日本国内の映画館でも上映された。

ホーム

書き下ろし

日本は撮影がしづらい国です。東京は、撮影のしづらい都市です。

新作映画の主人公の男は冒頭、北海道の旭川から東京を目指して電車を乗り継ぎ、新幹線で東京駅に辿り着く。身を寄せさせてくれる弁護士はホームで彼を出迎え、固い握手をする、という場面を脚本に書いた。そこで制作スタッフが鉄道会社に問い合わせ、撮影許可要請をしたものの、全くこれが通らない。二〇一九年の四月現在、制作発表はまだ先だが、この東京駅ロケの実現性は限りなく低く、私も破れかぶれになりかけているので、ここにシーンのシナリオを公開する。

●東京駅・ホーム
夜。混雑した新幹線のホーム。扉から降り立つ主人公「A」。

人波に翻弄され、迷子のようにキョロキョロ見回していると、「Aくん!」と声が響き、振り返る。

人の間を縫うように笑顔で手を振りつつやってくる小柄な年配の弁護士。最敬礼するAを直らせ、握手を交わし、歩き出す。

夜のシーンです。短いシーンです。カット数は、わずか三つ。
①新幹線から降りた「A」向け。
②手を振る「弁護士」向け。
③（カメラを向かいのホームに置き）握手して歩き出す二人のロングショット――以上。
もちろんロケは終電後で構いません。「A」も「弁護士」も、演じるのは日本屈指の名優ですから、こんな単純な芝居、OK以外は出しません。一般のお客様がおられない時間帯に、停止した東北新幹線の車両とホームとをお借りし、その間普段通りに照明をつけてさえいただければ、全スタッフとキャスト、エキストラ、搬入・搬出ふくめて二時間できれいさっぱり姿を消すとお約束します――ざっとこのような内容で、我がチームの誇る美麗で優秀なアシスタントプロデューサー女史が、担当者に懇切丁寧にご説明差し上げた。……答えは、「不許可」。
報告を受けた私の頭からは静かに湯気が立ち昇ったが、申し訳なさそうに眉尻を下げてこっちを見つめてくるアシスタントプロデューサーのおめめがロシアのお猿キャラ・チェブラーシカのようにつぶらで、思わず目をそらした。悪い女だ。この要領で、これまでいくつもの困難なロケ交渉に成功してきたな。

しかしそのチェブラーシカがけんもほろろに撃沈されたのだ。じっと俯《うつむ》いた私は、膝頭を握りしめ、ひとりごちる。……なぜなんだ。『新幹線大爆破』じゃあるまいし、危険物を車両に仕掛けるとか、人が暴れるとか、乱交するとか、ドンパチやるとか、そんな大掛かりなことなど何一つやろうとしていないのに。

チェブラーシカが言うことには、「終電後に、新幹線車両を車庫から特定のホームまで移動させることは認められない」「終電後の駅構内に、通常通りの照明をつけることはシステム上困難」という事情だそうだ。確かに、一九六四年の開通以来大事故件数のきわめて少ない日本の新幹線は、徹底したメンテナンスと安全管理の下にその歴史が成り立っている。軽トラ一台持ってくるのとは話が違うんだ。何処《どこ》の馬の骨とも知れない映画のために夜間に車両を動かして、万が一システムに狂いが出れば、翌日、何万、何十万の足に支障が出ることもある。そんな危険は冒せないのだろう。

「では営業時間中なら可能性があるんですか。東京に到着した新幹線が停止しているところを狙って撮影することをまさか許してもらえるんですか」

「それをするなら、まずカメラに三脚をつけてはならない、カメラを動かす特殊機材や照明機材を置いてはならない、一般客が一切映ってはならない、という条件だそうです。ご利用の方々の迷惑になるからと」

「それは要するに……撮影など真っ平御免だ、と仰《おつしや》ってるのだね」

「おそらくは……はい」

言いたいことはわかる。映画のワンシーンに協力しても、鉄道会社としてはさしたる旨味はない。エンドクレジットにたった一行社名が出たところで、「お！　あの駅、〇〇鉄道か！　貸すのかよ！　太っ腹～」と沸き立つのは我々同業者くらい。これまで私もいくつもの鉄道会社に協力をいただいて、撮影のために特別便を出してもらったこともあるが、特別便といえども決められた時刻に決められたポイントを通過しなければ、ダイヤの混乱や事故に繋がりかねない。ここは日本だ。どんなに田舎《いなか》のひなびた単線だろうと、来ると言った時刻ぴったりに電車が来る国、それこそがジャパニーズ・ナンバーワン・プライドだ！「本日は映画撮影協力のため、上り線が20分遅れております」などと言おうものなら、きっと誰かの首が跳ぶ。

チーフ助監督が組んだタイムテーブルに従って、我々を乗せた特別列車はA駅を9時ちょうどに出発し、9時5分B駅到着までに撮れるテイクは3回。B駅～C駅間は、走行スピードが安定してから1テイクは可能だが、2分後にはトンネルに差し掛かるから撮影は一旦中断。トンネル内で2カット目のためにカメラと照明のセットチェンジとリハーサル。C駅～D駅までの4分間に3テイク。そこでOKが出なかった場合でも次のカットへ進み、再トライしたければ復路でもう一度狙う——などという、松本清張も真っ青《まっさお》の時刻表トリックにきりきり舞いさせられる。全てワンチャンスだ。失敗したらそこで終了。二度目はない。一切を終えて始発駅に戻る復路の電車内では、荷物や機材を抱えたままスタッフが言葉もなく床にへたり込み、復員列車さながらのすさみよう。

好きでやっている私たちがこれなんだから、厚意で貸してくれる方は、生きた心地もしないだろう。山男みたいな人たちがぞろぞろ乗り込んで来て、大声が飛び交い、役者も緊張して、予想外のところでトチる。やれ扉の開閉のタイミングが早かった、遅かった、ピントがボケた。揺れが激しくて画《え》がブレた。音が拾えなかった、とトラブル続出。もう一回すみません、もう一回、もう一回、と頼み込まれて現場担当の社員さんもつい要望を飲まざるを得ず、全国津々浦々の鉄道や駅が、これまでどれほど迷惑を被ってきたか。

資格職業でない私たち映像関係者の仕事の質やマナーは、均質化されていない。「一級建築士」や「認定医」のように「一級ロケーションマネージャー」などというお墨付きがあればともかく、ある日突然電話をかけてくる人物がどんな仕事の仕方をする輩かをはかる術はない。「NHK」をかたろうが「東宝」をかたろうが、皆さんも気をつけた方が良い。あなたが電話で喋っている相手は大抵そんな立派な会社の正社員ではなく、下請け、孫請けの会社にうろつく出所不明の浪人者だ。過去に何をしでかしてきた人間か、NHKも東宝も一切調べてはいない。訓練されたボーイスカウトのようにてきぱきと礼儀正しく、「自分たちが信頼を保たなければ、後の者の道が閉ざされる」とロケ協力者に対して仁義を尽くす真っ当な素浪人たちの美学が業界を支えてきた反面、ロケ地にぺんぺん草も生えないほどの蛮行をはたらいて立ち去る賊がいるのも否めない。鉄道関連のみならず、多くの施設でも、「前は貸したけど、○○組の現場が無茶やって潰したらしいよ、二度と貸さないってさ」という話もまた、きりがない。協力者との約束は守り、貸してもらったロケ地を使う前より綺麗にして戻してきたのに、と誇り高い浪人らの目に宿る昏《くら》い光を幾度となく見てきた。

海外の映画を観ていると、その街を代表する駅の構内や鉄道がさりげなく出てくる。多くの人は知らず知らずのうちにパリのリヨン駅、ニューヨークのグランド・セントラル駅、ロンドンのキングス・クロス駅など、大都市のターミナル駅の美しい構内で、列車を背景に多くの人が行き来する場面を観てきたはずだ。大都市を描くときに電車や地下鉄の風景は不可欠だし、よその国の観客も、それを観てその土地のライフスタイルを知る。鉄道は、土地の血管だ。人が流れ、行き交い、街は生きる。駅はそれらが交差する重要な場所で、出会いと別れ、悲しみと喜びが溜《た》まり、物語の生まれる起点となる。

我々の側に問題があるのは承知の上だけれど、それにしてもこの国の首都は、ロケに対して厳しい。東京都民ならば、たいていは地下鉄や山手線を利用するものだが、日本映画の登場人物は山手線にも地下鉄にも乗れない。もしあなたがこれまで映画やドラマでそんな場面を見たことがあると言うなら、それはどこか別の地域の鉄道をそれらしく見立てているか、もしくは無許可のまま強行されたゲリラ撮影である。新海誠監督の『君の名は。』のラスト近くでは、中央線と総武線が併走し、主人公二人が視線を交える美しくドラマチックな場面があった。実写では百パーセント不可能な表現だ。日本のアニメーションがみずみずしく、開放的な表現に成功しているのは、撮影許可の壁に阻まれないことにもよるだろう。

その他、首都高速道路、渋谷駅周辺、新宿区歌舞伎町周辺、大手ファミレス、大手コンビニなども撮影許可を出さないと言われている。空港は、成田は許可が下りるが、羽田は小規模のテレビバラエティ班以外には滅多に許可されず、総理大臣経験者の政治家に口を利いてもらって撮影したテレビドラマが例外的にあるという噂《うわさ》を聞いた。

二十歳《はたち》の頃にニューヨークを旅したとき、リトル・イタリーの街を歩いているとニューヨーク市警の制服警官が辻々《つじつじ》に立って、大きな道路を二本まるまる通行止めにしていた。一本目の通りは数百メートルにわたって機材用の巨大トレーラーとモーターホームが列をなして停まっており、ブロックを隔てたもう一本の通り沿いのイタリア料理店の表には車道に堂々と足場が組まれ、その上に置かれた巨大な照明の光が店内へと流し込まれていた。――これ……〝映画〟じゃないか！

完全に車の通行は止められていたが、道端にはたくさんの野次馬が溜まって、息をひそめるようにして何かを待っている。しばらくすると、店の中からアル・パチーノとジョニー・デップが出てきた。それっ、とばかりに野次馬の人垣が崩れ、彼らを取り囲んでサインをせがみはじめる。老若男女、求められるがままにただ黙々とサインに応じ続けるスターたちを警官たちが見守り、適当なところでファンを制して控え室のモーターホームまで安全に誘導して行った。その間も撮影クルーは、通りのど真ん中で打ち合わせをしたり、悠々と機材を持って運んだり、ゆっくり時間をかけて照明を直したりしていた。一日中私は道端に佇《たたず》んで、その様子を眺めていた。誰も急いでいなかったし、警官たちも、時折コーヒーを飲んだり、野次馬たちと会話を交わしながら、悠々とその持ち場を守っていた。映画撮影とは、かくも街に愛され、社会に愛され、市民から温かく育まれ、守られるものなのだ。と私は感動し、その三年後の東京で、交渉先から塩をまいて追い払われるような日々に突入するのであった。キャンキャーン！

映画を作る私たちが長い時間をかけて、人や街に尊敬してもらえないようなものを作り続けてきてしまった結果とも言えるし、人や街につまはじきされるから、しみったれた内容のものしか作り出せなかったのだという言い訳もある。鶏が先か卵が先か。しかし実際、映画が無くても人は生きてゆく。社会は回る。撮影は、確かに人々の日常の時間や場所を侵し、その善意や厚意を切り分けてもらうことの連続だ。けれど無駄や停滞、余分なもの、効率の悪いものを徹底的に嫌う都市は、私たちの撮影行為だけを取り立てていじめているわけではないはずだ。そこに暮らす普通の人間に対しても、やはり同じだけの厳しい要求が渦巻いているのだろう。公共の場でも、職場でも、サービス施設でも、常に正常運転しか認めず、少しのズレや遊びや狂いや弱さも許さない。あるいは「許してもらえない」と強迫神経症的に思い込み、切羽詰まった緊張感で互いを締め付け合う首都の本性がそこににじみ出ている気もする。いや、もうこのくらいにしておこう。東京での苦しい撮影の話ばかりでは気が滅入《めい》る。地方に行けばまた話も違う。

二〇〇〇年の初めごろから、日本全国の地方公共団体には、映画やドラマなどの撮影を地元が支援する「フィルムコミッション」が広まり始め、各地の役場の観光課などにその担当部署が置かれた。役所の公務員が担当していることもあれば、一般の人が有志で協力していることもある。映画撮影を誘致すれば、地元のPRになることもあるし、三十人〜六十人のロケ隊が連泊することによる、地域経済の活性化も見込んで熱心に取り組むフィルムコミッションも多い。いい担当者に当たれば、在京スタッフでは及ばないきめ細かな視点があり、ネットワークがあり、地元の隅々まで走り回り、あらゆる人脈を駆使して口説き落としてくれたりもする。田舎町の人々は当然撮影慣れなどしていないが、堅物で通っているおじちゃんも、「東京で映画を作っている××という会社の者ですが」と訪ねて来るのと「こんちはーす、役場の〇〇でーす」と来るのとでは、ファースト・コンタクトの質が違う。エキストラも友人や親戚総出で、地元のお母さんやお父さんがご当地産のお米でおにぎりを作ってくれたり、温かい汁物を出してくれたりさえするのだ。なんという心温まる日々！　次第にスタッフ以上にヒートアップし、無線や赤色灯を使いこなし、拡声器で吠《ほ》え、晩秋の渓流にうっかり小道具が流されたのを見るなり洋服のままどぼんと飛び込んで行った熱血公務員もいた。どうしてそこまでやってくれるの、と不思議に思うこともあるが、「映画って面白そうだから」という自分の中にもかつてはあったはずの、シンプルな初期衝動が彼らの心の中には満ちている。中学の卒業文集のページを見せられたような気持ちになって少々面食らいつつも、そのフレッシュな熱意に心打たれ、私たちはもう一度奮い立つのだ。自分たちがやっていることは、人を困らせることばかりじゃないんだ。背中を押して、その完成を祈ってくれる人たちもいるんだと。

「本当にいろいろご迷惑をおかけしました」

「いやあ、かえってどうも（常陸《ひたち》弁）。いい思い出が出来ました」

いつか出会った人のそんな言葉をいまもどこかで支えにしてもいる。

まだまだ新作のロケ交渉は始まったばかり。きっとご迷惑もおかけしますが、どうぞ皆様、よろしくお願いいたします。玄関の前にチェブラーシカの目をした女の子が立っていたら、是非一度中へ入れてやってください。

（ちなみに、『新幹線大爆破（'75・佐藤純弥監督）』はテロがらみのきわどい内容のため当時の国鉄からの協力を得ることができず、全てセットと無許可の下でのゲリラ撮影にて作品を完成させたそうです。コンプライアンスなどどこ吹く風の大傑作なので未見の方はぜひともご鑑賞されたし）

塀

2019年6月号

ついに刑務所に入った。

実刑判決を食らったからではなく、取材を許されてのことだ。私の新作は、刑務所の内部から始まる。原案小説の設定にならって北海道の旭川刑務所の見学を法務省にお願いした。日本の刑務所は、刑の重さや服役回数によって等級が分かれており、初犯のコソ泥と前科十犯の殺人犯とでは入る施設が違う。旭川刑務所は「ＬＢ級」にあたり、重い罪で長期刑に処せられた人、または何度も罪を繰り返す累犯者、暴力団に属した人などが集められている場所である。昭和の終わりごろ、小説のモデルの人物もこの地に十年ほど服役したそうだが、その後平成二十三年から建物設備の大改装が行われ、昔ながらの刑務所の、いわゆる「きつい・きたない・きけん」なイメージとは大きく変わっていた。新時代の刑務所モデルとして刷新的な仕組みを導入し、これまでもメディアに向けて積極的に公開されてきたのだそうだ。

出来たばかりの建物だから真新しくて頑強な作りであるのは当然として、最大のポイントは全室個室、暖房完備、というところ。日本の刑務所といえば、基本は雑居房。冷房も暖房もない狭い畳の間に五、六人の受刑者が押し込められ、互いの身の上話をしたり、座卓を並べて手紙を書いたり、臭《くさ》い飯の多い少ないで喧嘩になったり、夜はオカマを掘られたり、というきわどいイメージがつきまとってきたが、旭川の個室はオフホワイトの壁に囲まれた四畳間ほどの無機質な空間で、床はリノリウム材、引き出しつきの木製ベッド、小さな机、洋式トイレ（自殺防止のためレバーではなくボタン式水洗）、ピカピカの陶器の洗面台、収納棚、壁掛け液晶テレビ、というしつらえである。分厚い鉄扉の横には配膳口があり、朝晩の決まった時刻にはそこから一人分の食事やお茶が差し入れられる。テレビは視聴できる時間帯が限られていて、刑務所がチェックした録画の番組のみが流されるが、『警察24時』とか暴力団の抗争関連のニュースなど、受刑者の妙な里心をくすぐるたぐいを除けばドラマやバラエティも観られるそうだ。鉄格子のはめられた二重窓さえ見なければ、刑務所とも思わないかもしれない（ちなみに暖房は、受刑者が凍死するレベルの極寒の地域のみの措置。全国的には冷暖房のない収容施設が基本だという。カルロス・ゴーン氏も、暖房なしの東京拘置所に勾留されていたのが話題になった）。

私たちが舎房を訪れたときには、住人たちは刑務所内の工場に作業に出ている時間帯で、どの部屋も空っぽだった。鉄扉の脇の小窓から覗き見てみると、ベッドの上には布団や毛布が、ナイフで切ったミルクレープの断面のように一分《いちぶ》のズレもなく畳んで重ねられていた。どの部屋も同じだ。入所後の受刑者には徹底的に仕込まれる習慣だそうで、整頓の乱れが見つかれば減点され、懲罰の対象になったり仮出所の審査に影響するのだという。壁に取り付けられた木製の棚には、歯ブラシやら文房具やら最小限の私物がきちんと置かれ、干してあるタオルの色や本の数などにわずかな個人差が表れている。

「官本」と呼ばれる図書が刑務所内には保管されており、受刑者は週二回、一度に二冊まで借りて読むことができる。更生目的一辺倒のお堅いチョイスかと思いきや、『赤毛のアン』から『シティーハンター』、『クッキングパパのレシピ366日』『六法全書』まで実に広範な品揃《しなぞろ》え。『ハウスマヌカン殺人事件』『信濃梓川／清流の殺意』などのタイトルを見つけるとややザワッとしてしまうが、どうやらこちらが思うよりも検閲基準はゆるそうだ。具体的な犯罪の手引きになるものや、刑務所内部を告発したような内容でなければ自費で購入したり差し入れてもらうこともでき、新聞、雑誌、エロ本までOKという。

私の新作の主人公も中学校さえまともに卒業していないが、十年以上の服役生活で相当量の読書をし、読み書きも達者で語彙も豊富だったと小説にはあった。その本を原案と掲げてすでに百人を超える人に取材や協力要請をしてきたが、ほとんどの人がタイトルも知らず、鈍い反応しか返さなかった中で、唯一「この本、読んだことあります」と反応したのは、過去に現金輸送車を襲った強盗致傷罪で七年服役した男性だった。

「中に入って初めのころに、官本で。自分と似たような境遇の人間のことが書いてある本は、受刑者に人気があるんですよ。それまで本なんかさっぱり読まなかったけど、刑務所じゃ他にやることがないので読書ばっかりするようになるんです。知り合いに差し入れてもらった本を読み終えては親戚の家に送り返して、帰ってみたら五百冊はありました」と話してくれた。

受刑者の居室を雑居房から全室単独房にしたのには根拠があり、人間は一人きりになれる時間や空間が確保されることで心を落ち着け、自らをかえりみることもし、問題を起こしづらくなるのだそうだ。

「でも、孤独ではないのですか？」

私は刑務所の幹部の人に尋ねた。『塀の中の懲りない面々』的な、雑多ながらも人間臭いコミュニケーションがまるでないのも寂しいじゃないか。

「彼らは朝食後には房から出て、集団で工場に向かいます。日中は仲間と作業をしたり、一緒に昼食を取ったり、運動する日もあります。担当の刑務官とのふれあいもありますし、朝から晩まで一人ぼっちではありません。以前は工場から帰って来ても、一日中同じ仲間と過ごさねばならなかった。そうすると人間関係のいざこざやストレスが溜まりっぱなしになる。互いに悪影響を与え合ったり、トラブルも多い。全室単独房にしたことで、問題行動は明らかに減りましたし、保護室※（過去の呼び名は「懲罰房」）に送られる人も滅多にいなくなりました」との回答をいただいた。

それはすなわち刑務所職員の負担も減ったということだろう。ひっきりなしの喧嘩、飯の奪い合い、ヤクザ同士の情報交換、そのために常に目を光らせ、駆けつけるのでは職員の疲弊も募る。取材に応じてくれた刑務官の人々は、私たちに接する際も引き締まった態度で、上官が話している最中には決して口を挟まないし、自己主張もしない。質問には丁寧に答えてくれ、よくよく話してみればふと人懐っこい笑みをこぼされたりもするのだが、それでもやはり、常に耳の奥ははるか遠くに傾けているような緊張感が、ぴんと伸びた背筋から途切れることはなかった。

「病棟」と呼ばれる棟内へと足を運ぶと、そこには制帽に白衣、という見慣れない恰好をした医療刑務官が常駐していた。ここで暮らす人たちは工場へ出て作業することが困難な慢性疾患や障害のある人、高齢受刑者が主で、もちろんこちらも全室個室、空調完備、病状に合わせた三食つき。電動の医療用ベッドが置かれ、枕元には呼び出しボタンと酸素投与の配管。重病患者専用の個室はさらにたっぷり八畳間ほどの広さがあり、廊下を挟んだ処置室には、レントゲンや応急処置のできる器具も揃って定期的に医師もやってくるという。

医療刑務官は、准看護師資格を取った人たちで、医療行為もできる。病や老いで弱った人々と接する役割だからか、受け答えや表情も柔らかい印象だ。一日の始まりには彼らが部屋にやって来て病人に体の様子を尋ね、バイタルチェックをし、その朝飲む分の薬を手渡してくれるそうだ。車椅子ごと入れられる浴室も併設されており、風呂に入るときは、「衛生夫」と呼ばれるお世話係の服役囚と数人がかりで体を持ち上げ、介助してくれるのだ。

「う、うらやましいような老後……」と思わず私はつぶやき、口を覆った。高齢者の孤独死は社会では後を絶たない。身寄りがあっても遠く離れており、病院に通うことも、かかりつけ医の訪問もなく、全く体のケアをしなくても誰にも何も言われない末路はまさに私の未来予想図。曲がった腰で買い物に行き、家賃や税金を払い、いかがわしい布団を買い、「オレ」という名の息子に金の無心をされ、不自由な四肢で炊事、掃除、洗濯に追われ、最後は風呂場でヒートショックだ。そんな終わり方も、今ならまだ覚悟もある。だけどもし私がこの先ひょんなことから法を犯して刑務所に入り、老いて体を壊した際に一度でもこんな待遇を経験してしまったら……きっともう、二度と社会に戻りたいとは思わない気がする。

「ムショにぶち込んでやる！」というフレーズは、いかにも罪人の息の根を止めてやらん、という威勢の良い決め台詞で、大抵のフィクションは凶悪犯がお縄にかかってめでたし、と幕を下ろすが、その後日談、実際にぶち込まれた人たちは、案外安定した環境に身を置いているのか。最もわかりやすいのが三食の献立だろう。

朝。麦ご飯・玉ねぎ卵味噌《みそ》汁・マーガリン・醤油《しょうゆ》・味付け海苔《のり》・ほうじ茶

昼。麦ご飯・肉豆腐・ソテー（竹輪・にら）・ごぼうサラダ・ほうじ茶

夜。麦ご飯・鶏肉《とりにく》と野菜の味噌炒《いた》め・ひじきの煮物（あぶらあげ・竹輪）・卯《う》の花ソテー（豚肉入り）・ほうじ茶

「自分の食生活よりはるかにちゃんとしてる！」と思う人も少なくないだろう。一日の食

費、一人当たり520円。2500~2700キロカロリーの献立を栄養士が考案し、正月にはおせち料理、誕生日にはケーキなども出る。刑務所に入って来る人々はそれまでの日常生活で暴飲暴食、栄養失調、喫煙、薬物、昼夜逆転と不摂生を尽くし、なんらかの疾患を持っているケースも多いが、刑務所での徹底した栄養管理と定刻の起床就寝という規則正しい生活により、いつしかメタボリックシンドロームや糖尿病を克服し、ほぼ完全な健康体を取り戻す、という話も本で読んだことがある。現に取材当時、旭川刑務所の病棟で入院患者のような生活をする人は八十代の男性が数人いるだけだった。いっぽう法も犯さず、真面目に社会生活を送っている世間の男やもめの、誰が正月にまともにおせちなど口にしているだろうか。ハレの日もケの日もなく、会社や仕事の囚人のようになって飲みたくもない酒を飲み、タバコを吸い、不潔な家屋の中で顔色を悪くした中年の知人たちの顔が思い浮かび、涙がこみ上げる。少しだけでも彼らを刑務所に入れてあげたい。私だって来年から、節分には豆くらい食べよう。人間らしい暮らしをするんだ!

何がおせちだ。法を犯して、場合によっては被害者さえ出しておいて、人間生活エンジョイしてんじゃねーよ。もっと、身を切り刻まれるような環境に身を置いて!　——という社会の側の懲罰感情はくすぶるだろう。実際、こんなに快適な環境を保障されたら、誰も刑務所に行くのを怖がらなくなるのでは?　とも内心思う。けれど、どんなに刑務所を恐ろしい門構えにしたって、人は犯罪に踏み切るときは踏み切る。困難に陥っても人間が罪を犯さないでいられる本質は「刑務所が怖いから」ではなく、それを乗り切るだけの幸福や金銭のプールがあることと、いま自分が手にしている生きがいや人とのつながりを守ろうとする思いだ。社会に身を置いていても、それらを実感として持てていなければ、どんなに刑務所が劣悪な場所だろうと、誰でも一線を越える可能性を持っている。ムショもシャバも似たり寄ったりの「価値のない世界」だからだ。

先の現金輸送車強盗とはまた別の服役経験者は、かつて名古屋刑務所内で懲罰房に入った経験を話してくれた。革製の手錠で後ろ手に拘束され、食事は床に置かれたものを犬食いし、糞尿《ふんにょう》は服を着たまま垂れ流し、消防用ホースで水を当てられて洗浄される。そうなると次第に何がどうでも良いような虚無的な精神状態に陥ってゆく。別の懲罰房からは奇妙な歌が聞こえてきたり、絶え間なく踊る人もいたという。しかしそんな辛い目を見たからと言って真面目に務めて仮出所を取ろうなどという気は起こらず、以前に増して職員に反抗を繰り返して満期まで務めたそうだ。劣悪な環境下でさらに人間性を崩壊させられた人間が、刑務所の門を出るなりクリーンな真人間に変身できるほど、物事は簡単ではないのかもしれない。平成十三年、十四年にその名古屋刑務所の懲罰房で受刑者の死亡事件が続いたことは広く報道もされ、世間を騒がせた。これを機に受刑者に対する処遇が明治以来約百年ぶりに法改正され、平成十八年に革手錠などの非人道的な拘束具は廃止された。旭川刑務所が今の設備に全面改装をしたのも、それ以降のことである。

「かつて刑務所の役割は、犯罪者を社会から隔離してその保安（＝警備）だけしていればよかったわけですが、いまは出所後いかに社会に適応させるかがテーマになってきています」と、所長さんは説明してくれた。放り込んだら終わった気になっているけれど、多くの受刑者は、いつかまた私たちの住む町に還《かえ》ってくる存在なのだ。

「ここにいる多くは殺人、強盗、性犯罪を犯した者です。中には私たちが普通に持っている常識が欠けていて、『人を殺してはいけない』ということは概念的にはわかっていても、被害者にどんな影響を与えるのか、罪を償うとはどういうことかについて、よく理解していない人もいます。そういう人たちにどう再教育の機会を与えるか。同じような罪を犯した人同士で話をしたり、被害者団体の人と会って話を聞くグループワークの数を増やしたりと、様々に試みている途上です」

日本では出所した受刑者の約四割が、五年以内に再び犯罪を起こして刑務所に戻るという状況が続いていた。服役者の相当数は、身寄りがなく、帰る場所もなく、知的障害がある人々だという。お金もなく、住むところもままならず、受け入れてくれる仕事もないとき、人間は何をやるのか。

「犯罪に再び手を染めないためには、帰る家と仕事が必要。平成二十年ごろからは社会福祉士が出所後の就労支援や、福祉につなげる働きかけをしています。社会の側に支える仕組みがあったとしても、受刑者の中には、生い立ちや生きてきた環境の影響で人間を信用できない人が多いんです。ほっといてくれ、俺は一人で生きていく、福祉なんか信用するか、という人とも面接を繰り返して、支援を受ける同意をとっていく試みもしています」

刑務所のメンバーといえばアメリカの脱獄ドラマに出てくるようなエグい巨漢の集団を想像するが、木工や裁縫の工場を見学させてもらうと、無心で手元の作業に勤《いそ》しむ人々の大半は、贅肉が削《そ》げ落ちて小さく縮み、長いこと陽《ひ》に当たっていなそうな粉っぽい肌質の老人たちだった。迷いのない手つきでミシンをかけるそのか細い手元の袖口から、ちらりと刺青《いれずみ》が覗いているのを見て、かろうじて過去の生き方の片鱗《へんりん》を確認する。人生の多くをすっかり刑務所の中で費やしてしまい、余力がいくばくかと見える人々も多かった。

「でも受刑者は、無期刑であっても、七十歳を越えても、外に出ることを諦めてはいないものなんですよ。絶対に出ようと思っているから、体を鍛えたりして、健康管理に余念がないんです」と刑務官は話してくれた。

「そうなんですか?」と直接ミシンを踏んでいる人に訊くことは敵《かな》わなかったけど、代わりに私は例の元現金輸送車強盗犯がいつか聞かせてくれた言葉を、頭の中で思い出していた。

「懲役の方が楽だな、って思うこともありますよ。言われたことだけやってりゃいいんだもん。飯も出てくる、寝る場所もある、何の心配もないじゃないですか。社会の方がよっぽどきついですよ。食うためには仕事しなきゃなんない。我慢できなきゃクビになる。だけどやっぱり自由だな、って感じますよ。若いころから出たり入ったりを繰り返して来たのに、俺、出て来てもう五年もシャバにいる! 家族もいないし、守るものもないのに、自分一人のためにこれだけできんのか。すごいじゃないか、って思えるんですよ。それが一番いいことですよ」

孤児

2019年9月号

私は、孤児を捜していた。

映画の原案小説には実在のモデルがおり、その人は一九四一年に福岡市内で芸妓《げいぎ》の女性の私生児として生まれたが、四歳のころ、施設に預けられた後は母親も行方《ゆくえ》をくらまし、終戦後の混乱期の中でそのまま非行と服役を繰り返す人生を送った。

この人に限らず、当時は日本中に戦争孤児が溢れていた。彼らは街に放り出されたまま、駅で靴磨きをしたり、ヤミ米を運んだり、パンパンの呼び込みを手伝ったり、進駐軍のベースキャンプに入って盗みを働いたりしながら糊口《ここう》を凌《しの》いだという。自活していくために手段を選ばずアウトロー化した子どもたちは、人々に背を向けられてゆくいっぽうで、裏社会がその引き取り手になることも珍しくなかった。この人もヤクザの興行の手伝いや用心棒などを経て、十代のうちから頻繁に鑑別所や少年院への出入りを繰り返し、胸に墨が入った。

作家の佐木隆三さんがこの小説を書くきっかけになったのは、「田村」と名乗るこの男性から直々の売り込みがあったからだ。塀の中に暮らす人々は、ありあまる時間の中で読書家になることが多いという。この人も殺人罪で十三年間の獄舎生活を送る間に佐木さんの犯罪文学に出会い、四十五歳で出所したのちに「自分をモデルに小説を書いてくれ」と自ら連絡をよこしてきた。しかし犯罪者は往々にして、自分の過去の悪行を武勇伝化して得意がる。佐木さんは「厄介な人物からのよくある売り込み」として一旦は受け流そうとしたが、本人と会って、見せられた戸籍謄本があんまり真っ白なので驚いた。戸籍は親でなく、裁判所命令によって十代半ばになって初めて作られたものだった。縁もゆかりもない土地を本籍とされ、不確かな誕生日を載せられ、父・母は空欄のまま、本人欄にはただ「男」とだけ記されていた。

「自分はどのみち無縁仏に葬られて、どこの馬の骨とも知れないまま終わるだろう。前科がたくさんあって、こんな人間で本当に恥ずかしいけれども、しかしやはり、こういうふうに生きて来た人間のことも知ってほしい」（『事実と小説と』秋山駿・佐木隆三対談）

以来、佐木さんによる取材が始まった。彼の暮らすアパートに通い詰め、テープレコーダーを回して日々の記録を取り続けた。記憶力が良く、獄中でもこまめに日記をつけていた彼は、事実や資料に忠実な書き手であった佐木さんにとっては魅力的なターゲットだったろう。しかし前科十犯で、人生のうち、のべ二十三年間も刑務所に入っていた彼は、成人してから二年以上続けて社会で暮らしたことがなく、日常の小さなことでもつまずきを繰り返した。長い拘禁生活の中で悪化させた高血圧のためにすぐには仕事にもつけない状況の中、不器用に衝突や焦りを募らせてゆく彼の傍らに居合わせるうちに、佐木さんの中には徐々に「この人の期待に応えなければ」という責任感のようなものが芽生えたという。

——と、まるで佐木さん本人に聞いてきたかのように書き連ねているが、これは集めた資料からまとめた情報にすぎない。佐木隆三さんは、私がこの小説を手に取る前に亡くなってしまった。いや、正確には、その訃報記事の中でこの作品が紹介されていたのを読んで初めて題名も知ったのである。佐木さんが亡くなったから私は作品に出会ったのであり、もし今も健在ならば、未読のままだろう。

一九七三年に「田村」の起こした殺人事件は、当時店長を務めていたキャバレーのホステス引き抜き問題で地元の暴力団ともめており、自宅に日本刀を持って殴り込んで来たチンピラと揉み合った末に刺し殺してしまったという内容だ。犯罪史に残るほどの大事件ではなく、名もなき殺人者である彼についての文献もない。しかも彼は、小説が一九九〇年三月に文芸誌に発表されてからわずか半年後にあっけなく自宅で病死していた。東京から郷里の福岡に戻ってアパートを借りるときに保証人になったのも佐木さんで、警察から死亡の第一報を受けたのも佐木さんだった。それほど他に手がかりのない人だ。なのにその佐木さんを失ったところから私はスタートしてしまった。小説は初版から三十年近く経って、紙の本は絶版状態、私の周囲で「読んだことがある」という人は出版関係の知人でさえ一人もいなかった。孤児。この本そのものが、それに思えた。モデルになった当人のみならず、作品それ自体がすでに誰からも忘れられた存在に思え、私は不思議な入れ子構造に巻き込まれた気がした。誰か、この子を知りませんか。

●当時の新人編集者・Mさんに会う

佐木さんの残した後日譚《たん》には、福岡で執り行われた「田村」の四十九日法要に、「入社二年目のMさん」という文芸誌の女性編集者が東京から参列したことが書かれていた。Mさんは今も同じ出版社で、変わらず編集の仕事をされていた。当時は佐木さんが彼に出会ってから四年、もうすぐ小説が書き上がるというタイミングで前任者が異動になり、担当についたのだそうだ。二年目ながら原稿にはずけずけと赤を入れたが、当時すでに彼は福岡に居を移しており、結局一度も会わずじまいとなった。

「佐木さん自身も幼いころにお父様を戦争で亡くしてから親戚の家を転々とされて、高卒で北九州の八幡製鐵所で働くうちに文学を志した人なんですよね。当時ですからプロレタリア的な左翼文学に始まって、沖縄でデモに加わって警察に捕まったりもしながら、苦労して物を書いてきた人なんです。いわゆるインテリでもエリートでもない。七六年に『復《ふく》讐《しゅう》するは我にあり』で直木賞を獲ることができてその後は人気作家にもなったけれど、週刊誌には引っ張りだこでも本人は文学の王道みたいなところからはいつも外れている意識があったと思います。当時は八〇年代、九〇年代のバブルとポストモダンの時代ですから、知的な評論とかスタイリッシュで軽やかなものが中央文壇でもてはやされる中で、『自分は時代後れだ』というコンプレックスと『人間そんなもんじゃないだろう』という反骨心がないまぜになっていたと思う。だからこんなふうに立場も身よりもない人が、社会の吹きっさらしの中に出てきたときの、むき身のような辛さに、心を寄せられていたんじゃないでしょうか」

三十年前の記憶にも拘《かかわ》らず、Mさんは作品についても、佐木さんとの思い出についても、昨日手離れしたばかりの仕事のようにありありと語られた。

「田村さんご本人は出来上がった小説を読んで、自分のことなのに自分のことじゃないみたいで不思議だ、と嬉しそうに仰ったそうです。映画化するなら誰にやってほしい？　と佐木さんが尋ねたら、照れに照れながら『高倉健かなあ』と答えられて、みんなで笑ったそうですよ」

「健さんですかぁ」

「おかしいでしょう？　自分では、苦み走った無口な男、という自己像があったんでしょうね。すぐにカーッと頭に血がのぼって、わけわかんなくなっちゃうのに」

Mさんは、会うこともなかった「田村」のことをまるで幼馴染のように懐かしく語り、佐木さんについてもまた、亡くした父のように大切に語った。ちゃんと、この作品は人に愛されて生まれてきたのだ。

●ラジオドキュメンタリー『戸籍のない男』制作・Oさんに会う

「田村」が自ら出演したラジオ番組を作って放送したという元文化放送のディレクターの

Oさんという女性と連絡がついた。そもそもは落合恵子さんやみのもんたさんの後輩アナウンサーだったが、体調を崩して制作職へ異動し、『ダイヤル相談』という番組の回答役だった佐木さんから「こんな男がいるんだけど、取材してみないかい」と紹介されたという。

「田村さんとお会いになったのは、小説が刊行される前のことですか？」

「前よ、ずっと前。昭和六十一年か、六十二年じゃなかったかしら」

元アナウンサーらしい、腹式呼吸の明朗闊達《かったつ》な語り口。

「その頃、予算十万円でラジオの三十分番組をディレクターが好きに作っていい、っていう枠があったんです。佐木さんは福岡まで自腹で行くって言ってるし、私もデンスケ（録音用テープレコーダー）抱えて二泊三日で取材しに行きました。ドキドキしましたよ。そういう人に会うのは初めてだから」

「どんな印象でしたか」

「風貌はね……『やすしきよし』の、死んじゃった方に似てるんです」

「横山やすしさん？」

「そう、やすしさん。あの人よりはふくよかで、オールバックじゃなくて七・三にしてたけど。まあとにかくちっちゃくて、落ち着きがなくてキョロキョロして、とてもそういう人には見えないのよね」

「人を殺した人には、ということですか」

「声がとにかく甲高いのよ。録《と》ってきた声を聴いてみたら、とても殺人を犯した人の声じゃないわけ。それこそ健さんみたいなね、渋い、重みのある、いかにも悪そうな声ならいいんですけど、すごく可愛い声なのよ。もうこれ、どうしましょうか佐木さん、って泣きついちゃった」

「イメージと違うなあ」

「違うでしょ？　私も番組作るのに、困っちゃって」

「小柄ではあるけど、腕っ節にはかなり自信がある人のように小説では描かれてるんですが……」

「ぜんっぜん。私でもギュウッてやれそうな感じ」

　初日に福岡の佐木さん行きつけの料理屋で三人で食事をしながら話だけして、二日目にレコーダーを回してインタビューを録ったそうだ。

「あんまり饒舌《じょうぜつ》には喋らなかったですね。彼の方は緊張してたと思う。見も知らない女を連れて来て、誰なんだこいつ、と思ってたんじゃないかな。放送局の人間だというのが頭の片隅にあるから、何か変なことされちゃいけない、って警戒心もあったんでしょうし。私もお酒が飲めたりして、『おひとつどうぞ』なんてできればよかったのかもしれませんけど。でもね、当時彼が四十過ぎで私が三十五くらいで、そんなに変わらないんだけど、長年のそういう生活で、すさんでるっていうか、後ろめたい感じの顔つきでね。やっぱり陽の当たるところを歩いてきた人間と、陰を歩いてきた人とじゃ、持つ空気が違うのかな、とは思いましたよね。私の方は大学出てから放送局入ったような人間で、大して底辺を知ってるわけじゃないでしょう。境遇を聞いてお気の毒だなとは思うし、一生懸命感情移入しようとは思うんだけど、彼のそわそわして落ち着きがないのを見てると、なんとなく怖いわけ、私も。怒らせちゃいけない、突っ込みすぎちゃいけない、ってどこかでブレーキがかかっちゃって。どうしてもなかなか解《わか》りきれないというか。彼もすごい違和感があったと思う。だから、うわべだけで、いい取材者じゃなかったと思うわ」

Oさんは、正直だ。私自身も、取材対象者と対座するときは、相手がどこの誰であろうと分け隔てなく心を開き、痛みに共感し、敬意を表することを忘れない人間——のふりをする。そうですよね、そうですよね、と相槌《あいづち》を打ちながら、しょっちゅう心の中で後ずさりをしている。その後ずさりが後ろめたくて、時間とともに、自分の中では、そんなこともなかったことにする。

放送された『戸籍のない男』は評判もさして良くはなく、それをOさんは自らの演出ミスだときっぱり断言した。ドキュメンタリーにこだわらず、役者を使ってフィクションにすればよかったのだと。「だって、あんなの殺人犯の声じゃないんだもん」と幾度も繰り返した。一体どんな声だったんだ、とますます気になったが、当時の文化放送では放送後の音源は破棄しており、残されてはいなかった。

担当編集者Mさんは言っていた。「佐木さんは、基本的に事実を元にしか書かない。小説のための都合のいい起承転結なんて作らない」。主人公の起こした殺人事件は一九七三年の五月四日に起訴された、と小説にある。私は、新人の助手に国会図書館に行ってもらい、「逆算して四月後半あたりに事件の記事が出ているかもしれないから、新聞全紙を調べてほしい」と頼んだ。助手は同じ時期のマイクロフィルムをくまなく調べ、ついに一紙の社会面に小さな記事を発見した。「似たような記事があるんですけど、これですかね?」『同僚とけんか刺殺／東京・亀有署は、バー従業員三上正夫(31)を殺人の疑いでつかまえた。……』

人物の名前、事件の凶器は小説とは異なるものの、犯人、被害者の年齢、事件の経緯ともに酷似していた。

●Mさんの前任編集者・Iさんに会う

「三上さんでしょう? 俺なんかそう呼んでたんだ。『田村さん』じゃなくて」

「田村」とは本人が幼少期に名乗っていた母親の苗字であるが、小学校の高学年ごろから放浪生活をするようになり、当時の浮浪児狩りで警察に捕まるたびに虚偽の名前をかたるようになった。群馬の少年院に入っていた十五歳のときに戸籍を作られることになり、適当に思いついた「三上正夫」の名でその後は生活してきた。佐木さんは、本人が「機会があれば戻したい」と希望していた元の名前で彼を呼んでいたのだ。

Iさんは、文芸誌の編集者Mさんの前任者で、のちには単行本発売の担当にもなった。佐木さんとはそれ以前から新宿界隈《かいわい》の飲み屋で顔を合わせる仲ではあったが、大きな作品の原稿をもらって掲載に至ったことはなかった。ある時「こんな男がいるけど君のとこの文芸誌で書いてもいいのか」と佐木さんから持ちかけられたので、すぐにゴーサインを出した。純文学は高等なもの、衒学《げんがく》的なもの、とハードルの高さを感じ続けてきたその背中を押して作品を書かせたのだ。以来執筆にかかった四年間、刑務所への取材に同行したり、出所して一年、二年、と経つたびに、「田村」のアパートに赴いて一緒に記念のお祝いをしたりもした。

そのときのものと思われる、色あせたカラー写真を見せてくれた。ちゃぶ台の上には赤い薔薇《ばら》の花束が飾られ、佐木さんもIさんも若い。元文化放送Oさんが語ってくれた通りの、小柄で細身の体にワイシャツとネクタイの男がその中央で、顔にシワを寄せて笑っている。屈託のない表情だ。確かにこれが人を殺した男の人相だろうか。

「とにかくお茶目で人懐っこくて、まっすぐで、なんでもつい行きすぎちゃうわけです」と、Iさんはその人柄を語った。日本刀を持った男に襲われたときも、相手をなだめて帰すつもりだった。刀を取り上げて揉み合ううちに、我を忘れて、相手の体を十一箇所も刺していたのだ。

「ひょっこり会社にやってきたことがあってね、俺も嫌ではなかったし、二人きりで一時間くらい話をしました。こっちも偏見がない方だから、あれこれ身の上を聞いたりもして、帰りがけに会社の前で別れようとしたら、『Iさん、うるさいやつに絡まれたりしたときは、いつでも俺を呼んでくださいよ』なんて言うわけです。いえいえ、それには及びませんよ、と笑って帰したけど、呼べばほんとに来ちゃうような人ですよ。人の好意を絶対に恩と感じてくれるところがあるんです。そんなメンタリティ自体、今時みなさんがどう思われるかわからないけど」

取材は何度か脱線した。ずいぶん前に当の出版社を退社したIさんは、文芸の世界について悪口を言いだすと止まらなくなった。芥川賞をもらう作家のことを「ダメな組織のワッペンもらうようなものだ。中国共産党の×××……」「なんつったっけあいつ。エンタメ賞の選考委員になってブイブイ言ってる……」「編集者によいしょされてゴルフやったり銀座の女がいるような店行ったりしてるような作家は気持ち悪いですよ」――「まあ……おほほ」と口を覆って苦笑して見せながら、私には内心胸のすく思いもあった。自分も三十過ぎで文章を書いて出版界の人とつき合いが始まったころ、マニュアルに沿ったようなやり方でちやほやする編集者の時代錯誤にはあきれたし、どうせ会社が払うんですから、と開き直って若い社員が高い酒を開けるのにも驚いた。ほんとにこんなことで気を良くして踏ん反り返ってしまうほど、物書きというのは感度のあやしい人々なのかねと首を傾《かし》げていたからだ。

「そういう人たちとは、佐木さんは違うところにいたんですよ。僕が入社したとき聞いた話では、佐木さんは東京で文学をやるために、ほんとに貧乏して、新聞配達したりしててね。でも配達するにも自転車がないっていうから、うちの会社のボンボンが家にあった自転車に乗って田園調布から文京区の社までやって来て、それを佐木さんがもらいに来て、埼玉の蓮田《はすだ》の家まで漕《こ》いで帰って行ったというんです。昭和の四十年代、五十年代ですよ。その頃は編集者も無茶してましたから。なんとか金を用立てて、奥さんに給料入れずに原稿料前貸ししたりしてね、『貸し』って言っても戻っちゃ来ないんだけど、それでもどうにか作家を助けて、それで佐木さんも頑張って、作品を書き上げて来たんです。まだ、作家も僕らも、仲間だったんだ」

Iさん自身も、「田村」急死の知らせを佐木さんから受けて、福岡に向かった。福祉事務所保護課のケースワーカーとたった三人の野辺送りでは、佐木さんとともに棺に釘《くぎ》を打ち込み、遺骨も拾ったと後日譚に記されている。

「佐木さんはあんまり書いてないけど、俺は生活をよくやったもんだなと思ったんですよ。人間って希望がないと生きられないじゃないですか。仕事でも人間関係でも、ちょっとしたその先の希望を見て、毎日少しずつゆるく坂を上って少し高いところに来た喜びがあるから、何とか日々を生きていける。けど彼にはそれがないと思ったわけ。持病で働けないから生活保護をもらってやりくりするわけだけど――あれは、人からそれを奪っていくんですよ。最低限、生きるには生きていられるけど、『じゃあもっと稼ぐぞ』もなければ、『明日はこんなこともしてみよう』も何もない中で、それでも部屋をちゃんと綺麗に整理整頓して、乱れなく暮らしてる。それを見たらね、ほんとに俺、三上さんはよく頑張ったなって思いましたよ。レベルが低いですか？　でも、アパートに行った人は、みんなそう感じたと思います」

終わりに私は、生の「田村」と生の佐木さんの創作との貴重な証言者であるIさんに、ここぞとばかりに素朴な事実関係の疑問を投げかけた。

「実際の新聞記事では、殺人の時の凶器は『登山用ナイフ』とあったんです。小説では『日本刀』。本当はどっちだったのかご存じですか。それと、アパートの住人で角田という男が出て来ますが、読みは『ツノダ』でしょうか、『カクタ』でしょうか？」

Iさんは、文壇批判の勢いとは一転。全ての問いに対して、極めて虚《うつ》ろな返事をした。

「わからないです。全く気にしてなかったですね。そんなの、何が本当かなんて、どっちでもいいってのが基本ですよ、文学の場合」

「そうかもしれませんが……映画は役者が声に出さなきゃいけませんし、佐木さんの意図と違う読み方じゃまずいだろうと思いまして」

「どっちだっていいと思いますよ。気にしませんよ」

つまりは、ツノダにしようがカクタにしようが、『違うだろ』と怒る人すらもうどこにもいなくなったというのが、この物語の置かれた状況なのだ。

「まさに無縁仏と言いますか、それが私からしますと、なんとも切ないわけで」

「そういう寂しさはありますよね。お気の毒に」

「（ひとごと！）では、私の都合よく、自由にやらせていただくことにしますけれども」

「佐木さんは絶対いいって言うに決まってますよ。そんなのこだわるような人じゃ……ごめんなさい佐木さん。でも、言わないですよ。あの人優しいんだ（ツンデレ！）」

●身元引受人の妻・Sさんに聞く

出所してきた「田村」の身元引受人をしていた老弁護士の奥さんと連絡が取れた。弁護士と言っても彼の事件の担当者ではなく、人づてにその生い立ちや境遇を聞いて自ら名乗り出たのだ。当時すでに七十代だったが、現役で法廷にも立ち、身寄りのない「田村」の出所後、しばらくは妻と暮らす目黒区の一軒家に住まわせていた。その弁護士もとうの昔に鬼籍に入っておられるが、八十六歳になられる奥さんが私たちの取材を快諾してくれた。居候していた家に行けるのか！　と一瞬期待したが、奥さんは、数ヶ月前から首に腫瘍が出来て、その放射線治療で都内の病院に入院中であった。

病院のベッドに寝巻きで横たわった奥さんの細い首には、黒ずんだ丸い瘤《こぶ》が出来ていて、見るからに痛々しく、私は息を呑《の》んだ。とうてい赤の他人が初対面で踏み込んで良い場所とは思えなかった。

「話をもらったときは一番ひどくて、いくらか良くなったんだけど。でもあと十日もすればもうちょっと声が出ると思うの」

ほとんど吐息に近いかすれ声で奥さんは喋った。私はすっかり腰が引けて、すぐさま帰って出直そうと思ったが、奥さんはその声のまま、ゆっくりだが、しかし間断なく話を続けた。私はその口元まで自分の耳を近づけた。

「まだ頭の方はしっかりしてるから話したりはできるけど、三十年も前のことだからね。でも私も五十代でまだ若かったから、何ページかめくれば思い出すこともあると思いますよ。面白かったの、この題材は」

と、興味深げに私が持参した古書の小説を手に取った。

「覚えておられますか、田村さんを」

「覚えてる。大変な人だった。……これはすごくいい男に撮れてるじゃない」

Iさんが貸してくれた写真を見て、奥さんはかすれた声のまま軽い笑い声をあげた。

「刑務所にいるとね、ドアの開け閉めまで全部人がやるじゃない。だから自分で扉を開けたら自分で閉めるってこともわかんなくなってんのよね。洗濯機使えば、水は出しっ放し(当時の止水は手動式)。あんな所に居ると何もわからなくなっちゃうの。だから一人暮らしするときに、洗濯機の使い方から何から、全部教えたの。でも、他にもっとひどいのも居たけどね。外で一人殺して、中で一人殺して、四、五十年入ってた人とか。恐喝もされたし、もっと面白かったわよ。今度話すけど」

「そういう方も、お家《うち》で面倒を見られたんですか」

「夫がバカなのよ」

下町の魚屋に生まれ育ったという奥さんは、いかにも気取りがなく、しゃきっとした東京の言葉を話される。垣根が低くて、つい、ずっと話していたくなる。

「ひとつ覚えてるのはね、しばらく東京にいて、福岡に帰ることになったとき、おむすびをお弁当にして持たせてやったの。海苔をラップに包んで別にしといて、食べるときに出しておむすびに巻きなさい、美味《おい》しいからね、って持たせたら、それを列車の中で食べて涙が止まらなかったって。そんな細かい食べ方のね、優しさが身にしみて、と後から手紙が来ましたね。……死んじゃったのよね」

「はい。小説が出て、半年後に部屋で」

「こういう顔だから血圧が高いのよね。私が何気なくしたことの、そういうところに気がつく人なのよね。海苔のパリパリが忘れられないって」

「美味しかったんでしょうね」

看護師さんが様子を見にきたタイミングで、今日はこのくらいでお暇《いとま》します、と途中で止めた。「この本借りて良いんだったら。読めばもっと思い出すから」と奥さんは自ら文庫本を手に取ってくれた。赤の他人に自分の何かを分けたり、差し出したりすることに、ためらいがなく見えるのは、「田村」や、彼を連れて来る夫を丸ごと受け入れてきた人だからなのか。考える前にもう差し出しているような軽やかさがある。こんな風にやせ細り、黒ずんだ瘤をこしらえた病床ですら。「じゃあ、お元気になられたら」と言って私は病室を後にした。放射線治療の経過は芳しくなく、その後ホスピスに移られ、一月半後、奥さんが亡くなったという知らせを受け取った。彼にわずかでも愛情を与えた人をまた一人失ってしまった。

孤児を知る人を捜せば捜すほど、わからなくなる気もしていた。誰もが、驚くほど細かいことを記憶していたし、しかし同時に、その誰にとっても、すでにそれは紛れもない「過去」だった。もう私が、この孤児を、自分の考えで育てていくしかないのだ、と思った。

少ししてから、元文化放送Oさんの自宅でラジオドキュメンタリー『戸籍のない男』のテープが見つかった、と連絡があった。音源を聴くと、若く、張りのある声でインタビューするOさんの質問に答える佐木さんと「田村」の声が聴こえた。ずっと捜し求めていた人の声だからもっと感激があるかと思いきや、なんだか隣に住んでいるおじさんの声を聞くくらいあっけなかった。なるほどこれがOさん曰《いわ》くの「困っちゃって」というやつか。しかしOさんの記憶ほどおどおどして後ろ暗い緊張感は聴き取れず、時々入る優しげな佐木さんの相槌にもうながされ、むしろ実に軽やかに語っているようにも聴こえた。

「♪みっどりのおかのーあっかいやね～、とんがりぼうしのとけいだい～、かーねがなりますキーンコーンカーン、メエメエこやぎもないてますー、ちゅうてね。結構覚えとうですね、古い歌は」と、博多なまりをまじえつつ、子供のころ歌った歌も機嫌よく口ずさんだ。

私は明るいリズムのその歌い出しこそ知っていたが、今日までいったいそれが何の歌であるのかについて考えたことはなかった。調べてみれば歌詞の後半には、

「鳴る鳴る鐘は父母の／元気でいろよという声よ／口笛吹いておいらは元気」

「おいらは帰る屋根の下／父さん母さんいないけど／丘のあの窓おいらの家よ」とある。

孤児を描いた歌だったのだ。戦後一九四七年から、NHKで放送された『鐘の鳴る丘』という大ヒットラジオドラマの主題歌で、戦地から復員した青年と街に放り出された戦争孤児たちが丘の上の施設に集まって、ともに支え合いながら生きていくその物語が夕方ラジオから流れるのを、日本各地の孤児たちがスピーカーの前でじっと耳をすまし、食い入るように聴いたのだと人から教わった。

何気なく口ずさんだ歌だったが、前科十犯の「田村」という男も、自らと似た親のない子らの物語に心を寄せ、施設のラジオの前で耳をすました子供の一人だったのだ、という証拠がまた一つひっそりと現れた気がした。佐木さんが、たとえ「純文学的」とみなされなくとも、「田村」を綴ることは単なるアンチヒーロー譚ではなく、日本戦後史の一つの記録として、自分が必ずやるんだという思いに駆り立てられたのも、時代と社会が生み出したその少年の心の寂しさを思うと、理解できる気もする。いっぽうでは、「田村」と『鐘の鳴る丘』の結びつきの理由が解き明かされたからといって、時代設定も全て現代に置き換える私の映画にどれほど有効な情報なのかはわからない。実際のところ、ほとんど無意味だろう。けれど私もまた、会ったこともないその孤児の、直に語られたわけでもない寂しさに、何か突き動かされているのだ。あなたのような厄介者がこの世に生まれ、生きたことが、どこにも、誰にも、何の影響もないことではないのだということを、どうにかして証明したいと、意地になっている。

船

2020年3月号

新しい元号になって初めての夏の暑い最中、少しずつ私の周りにはスタッフが集まり始めた。俳優のスケジュールや季節の都合から、撮影初日は十月二十一日と既に決められていた。四年越しで準備してきた作品だけれど、実際に主要なスタッフが合流するのはクランクインまで二ヶ月半を切ってからだ。

助監督たちは、シナリオや原作を読み込むところから始める。私が四年がかりで少しずつ取材してインプットしてきた情報に短期間で追いつかねばならない上に、現場ではさらに細かな具体性が求められるからだ。今回は、主人公が刑務所を出て来る場面から始まるから、彼らは刑務所の仕組み、受刑者の暮らす部屋の内装、規則、食事の内容、出所するときの手続き、服装、髪型、持って行くもの、残して行くもの、刑務官の役職、言葉遣い、歩き方、声の掛け方、などなど、映画の冒頭わずか五分の場面のためだけでも、泡を吹くほど勉強する。

出所手続きの際に手渡される書類には、健康保険証や住民票を再取得する手続きに必要となる、刑務所にいたことを証明する書類や、帰住先までの鉄道運賃が半額になる特別証などがあるそうだ。そこまでは原作にも書かれているが、実際の形状や書式、文字の色などは周囲も誰も見たことがない。まさにそれら門外不出の情報を助監督たちはあの手この手で取り寄せた挙句、美術部に頼んで本物同然に複製を作り、中身を書き込む。役者が直に手で触れる芝居があるわけでもなく、クローズアップで映るでもない。けれど「お天道《てんと》様《さま》が見てござる」というのが映画作りを支える精神だ。数万の観客の中の一人にでも刑務所職員や服役経験者がいて、「ああ、書類の形式が違う。嘘くさい」と興ざめされると思えば、背筋が寒くなって、しゃかりきに調べ始める。

彼ら助監督のトップに立つのは、全体のスケジュールを組み立てる役割のチーフ助監督である。スケジュールは映画撮影における柱であり、知識、経験、リスクマネジメント能力、俳優の事務所やスタッフとの交渉力、現場の統率力、そして運が試される。天気が悪ければ、「持ってねえな〜」と当てつけのようになじられる。読みが外れれば、撮影はどんどん撮りこぼしを重ね、演出意図は崩壊し、スタッフの休息は削られ、資金はダダ漏れていく。監督が現場の全ての責任を負っているように思われがちだが、たいてい物事の矢面に立たされ、人間力が試されるのはチーフ助監督だ。そういう修羅場の積み重ねが、将来監督となってやっていくための胆力となるのだろう。私などは、大きな規模の作品のチーフ助監督の経験はないままに監督になった。誤解を恐れずに言えば、私が比較的若いうちに監督になったのは、先輩の助監督の仕事を目の当たりにしながら、「こんなに大変な役目は無理だ」と怖気《おじけ》づき、真っ当な修業コースからドロップアウトした結果に過ぎない。現場を避けて遠ざかり、机にかじりついて脚本を書いたのが結果的に監督をやる機会を引き寄せた。果報者のおめでたい話のように受け取られるかもしれないが、助監督としての経験を体に刻み切らなかったのは結局のところ私のアキレス腱《けん》だ。突発的な非常事態に対応する反射神経が弱いし、起きていることを全方位的に俯瞰《ふかん》で見られる視野が育まれていない。だからこそ私にはたった一本の映画を乗り切るために長い仕込みの期間と心の準備が必要だし、現場で助監督のタフネスに助けられる部分は多い。私が私だけの勘で乗り切れないところは、彼らの機転や読みが頼みの綱だ。ズブの素人でも一本くらい映画監督はできるが、チーフ助監督は一日も務まらない。

私は、六つ年上の久万真路さんという人に長く助監督を務めてもらってきた。仕事はスケジュールを書き、役者のマネージャーと交渉するだけでなく、手が足りなければ機材も運び、どこの部署でも手伝う。小さな役のオーディションなら私の代わりに仕切って、適役を見つけておいてくれるし、地方の物語の時は現地に飛んで、地元の劇団員を演出して俳優用の方言テープも用意してくれる。濡《ぬ》れ場を撮る前には部下と男性同士で抱き合ってあれこれ組手を変えて見せ、どこから撮るべきかと一緒に頭をひねってくれた。仕事とはいえ、そういう場面の話は異性間ではバツの悪いものだが、生真面目な性格の久万さんが生真面目にとりくめばとりくむほどおかしくて、男も女もよく笑っていた。
「そんなことまでやるのか」というのが助監督の仕事であり、一見無駄にも思えることをどれだけしつこくできるかが、「演出」という実体のない仕事の要という気もする。いざ現場に出れば、しつこい仕込みが大勢のスタッフの眼前で一笑に付されるただの無駄に終わることもあるし、それが強固な地盤になって、演出に個性を持たせてくれることもある。いちばんの悩みは、私は雨女で、久万さんも業界で問題視されるほどの雨男だったことだ。二人で一緒に現場に着くと、雨雲が二倍になって湧き、ともにうなだれたまま雲の切れ間を待ち続けたこともある。男盛りの年齢で監督になる機も持ち越させて、いつまでもこのままでいいんだろうかと私は心のどこかで思いながら、久万さんなしでは現場を作れるとも思えず、作品ごとに仕事を頼んできた。自分よりも年の若い監督のサポートをし続ける年月はどんな胸中だったのか、本音のところは知れないが、それでも時々一緒に美味しいものをつまんだりお酒を飲んだりしながら、長く付き合ってもらってきた。酔っ払うと陽気になり、夜中に他人の家の玄関を叩《たた》いて奥さんに叱られたりという失敗談もあったりで、私には親しみやすい人だった。その久万さんも、五十歳を目前に監督業の仕事が舞い込むようになった。地道に修業した職人気質の人にやっとチャンスが回って来たのだ。もう仕事は頼めないけど、こんなに晴れやかなことはない。

そして私は、今回の新作で初めて自分よりも若い助監督をチーフに迎えることにした。廣木隆一監督や今泉力哉監督作品でも常連で召喚されるという、脂の乗った四十路のNさんである。Nさんは口数が少なく、滅多なことでは顔色も変えぬ落ち着いた人のようで、場を持たせるために騒いでおどけるタイプでもなければ、私に対して特にかしこまる様子もなかった。監督と助監督との間には、初対面でも言わずもがなのヒエラルキーが存在する。かつての撮影所システムや徒弟制の名残《なごり》だろうが、こんな時代でも常に彼らは実直に尽くしてくれる。しかし厳密には二つに性格分けされ、監督を根っから崇《あが》めて自らを高ぶらせていくタイプと、腹の内では「所詮人と人だろ」と冷めているタイプとがある。後者は人間として手強《てごわ》いが、腹心にする人の勘所としてはその方が信用に足ると私は思う。Nさんは年間二百本以上劇場で映画を観る映画狂だが、表情は常に涼しげで、私個人に対して何か思い入れがあるようでもなさそうだ。自分よりも若い助監督だと聞いて、変に憧れられてたりしちゃ困るよなあ〜などと思っていたが、ガクッ。全くいらぬ心配というやつだったようである。

刑務所の調べ物や、大人数の俳優の衣装の準備に二番手《セカンド》、三番手《サード》の助監督がフル回転する傍らで、Nさんはラインプロデューサーがネットオークションで競り落とした四十年ものののジャノメミシンをいじり始めた。

主人公は、刑務所の工場仕込みで洋裁が得意、という設定なのだ。出所後に人から借りた古いミシンを使って腕を振るうシーンがあるが、役づくりに余念のない主演俳優が「ミシンをちゃんと使えるようにならなければ」と早くから気にしている。

Nさんは、ともすれば止まってしまうミシンをメンテナンスし、洋裁指導の専門家を探し、なお、自ら主人公が乗りうつったかのごとく、その長軀《ちょうく》を丸めて日々黙々とミシンをいじくっている。スケジュール組みも放っぽり出して新しい趣味に没頭し始めたかのように見えなくもないが、否、Nさんは大真面目だ。このオンボロミシンが止まる時が自分の首も跳ぶ時、とでも言わんばかりの妖気で、からまりまくった下糸を解《ほど》いている。――わあ、現場が始まった、と私はやけに感動した。この、一見とるに足らないような些事《さじ》に執念を燃やしてくれる人こそが、演出家の本当の伴走者なのだ。どんなにうまい台詞よりも、ミシンひと針の縫い目がうまく行くことの方が物語に説得力を持たせることもある。Nさんが居れば、もう怖くない。

いっぽうで、「制作部」と呼ばれる部署の人々も集まって来た。

彼らの仕事は実に多岐にわたり、スタッフの食事やお茶の用意からロケ場所の清掃、トイレの確保、近隣への挨拶回り、撮影中の交通整理、車両の配備から宿泊の段取りなど、書き出したらきりがないが、まずは脚本に書かれたロケ場所を探すところから仕事を始める。主人公が暮らすのは、都内の築四十年超えの木造アパートの二階角部屋だ。表に階段があり、板張りの小さな台所に畳の和室がある昔ながらの単身者用アパートで、風呂はない。さあいったいどんな場所をあて込むべきか。ロケーションの担当者たちは過去の自分のストックも掘り起こしつつ、考え始める。

そんな古ぼけたアパートも、東京の街ならまだいくらでも残っているだろう、と私は悠長に構えていた。けれど画面に映るものがただあるだけでは映画は作れない。主人公の俳優だけではなく、その部屋には私たち五十人のスタッフがキャメラや照明機材とともにドカドカ乗り込んで、朝から晩まで二十日以上のロケをする。周辺には大きな機材用トラックが何台も駐車し、俳優たちが腹式呼吸の大声で叫ぶ、喧嘩はする、雨風は吹かす。アパートはそれに耐えられるのか。近隣の人は受け入れてくれるのか。世知辛い東京で、腹いせに情報をばらまかれたりすれば映画の生命線はたちまち断たれてしまう。

それに加え、私の脚本には福岡や北海道も含めて五十箇所を超えるロケ場所が書かれていた。刑務所、区役所、病院、スーパー、運転免許試験場、介護施設、商店街、図書館、裁判所、分譲マンション、2DKのハイツ、百坪クラスの大豪邸、団地、テレビ局、ホルモン焼き屋、スナック、建築資材置き場、ソープランド、児童養護施設、海、川、橋、公園、空港、駅、電車の車内、バスの車内……ざっと思い出してもそのくらい。

制作部も当然一人では回らない。若い精鋭が三人、四人と寄り集まって、一件一件電話して、

「恐れ入ります、実は映画の撮影でお邪魔したいのですが」

「映画ぁ？　いったい何の？」

という交渉から始めていく。撮影用の貸しスタジオなら話は早い。しかし多くは、映画になど人生で関わったことのない一般の人やお店や企業を相手に、説明をして、口説き落としていくのである。各地のフィルムコミッションが橋渡し役になって、協力的な地元の物件を紹介してくれる場合もあるが、どれだけ丁寧に交渉を重ねても、「あんたらに前例を作ればきりがない。下見したけりゃ十五万円」などとふっかけてくる公共機関もある。

ひとりで他県まで何百キロもの道を運転し、交渉に行き、相手方に「大歓迎です！　お待ちしていますよ」と奇跡的に快く迎えてもらっても、撮って帰った写真を私に見せるなり「ちょっと違いますねえ」と曇った顔をされることもあるのだ。

ぐうっ、とおし黙る若い制作部の様子を目の当たりにして、私も視線をそらす。

他にも山ほど宿題を抱えて、彼らもパンク寸前だ。ちょっとのことで私がゴネていたら、次へ進めない。クランクインはどんどん近づき、一層追い詰められる。そもそも、ここまで多くのロケ場所を脚本に書いたのは私だ。それだけ風呂敷を広げた脚本を書くのなら、たっぷり準備期間を持てるだけの予算があるべきなのだ。見合う予算を引っ張ってこられない原因は何にある？　私の実績である。老いも若きもこぞって劇場に足を運ばせるようなドル箱監督ならば、百でも二百でもロケ地を書いて、半年前から三十人の制作部を雇うことだって夢ではないが、現実は違う。ならば自分に許された予算に見合ったハコの数で物語を書くのが脚本家の手腕じゃないか。素人《しろうと》みたいに甘い計算で無謀なホンを書いて——。彼らにしたって、言いたいことは山ほどあるに決まってる。

「すまないねえ……」と病床の母親のような声を思わず出しそうになる自分を、ぐっとこらえる。謝ればロケ地がみつかるのか？　そんなわけない。かと言って、容易には譲れない。安易な妥協は相手に「妥協」とバレるし、自尊心を傷つける。お互いその場は楽になっても、長期戦で見れば、信頼関係のヒビの元になるのだ。

互いにぐっと相手の目を覗き込み、

「……頑張れそうかな」

「……頑張ってみます」

とその日を終える。


制作部※のトップの担当者のYさんも、私よりは七つ若い。このポジションも、私は二十年一緒に仕事をしてもらったベテランのスタッフからメンバーチェンジをした。チームを若返らせ、新陳代謝させようという製作※側の呼びかけに応じて、私が決めたことだ。しかし「新陳代謝」と言えば聞こえは良いが、要はリストラであり、クビであり、ひよっこのときから長年尽くしてきたのに声をかけられなかった側にしてみれば、冷酷無情の裏切りというほかない。


ある晩ファミレスで膨大なロケ場所資料をもとに二人だけで打ち合わせを終えた後、自宅近くまで車で送ってくれながらYさんが口を開いた。

「前任の方は、僕らフリーの制作部の世界では、レジェンド級ですよ。以前その方が撮影で使われたロケ地で僕も仕事をする機会がありましたけど、とてつもなく良い評判を聞かされたことがあります。やりたい放題やってロケ場所を荒らして、『二度と受け入れるか』と人を傷つけるようなスタッフも多いですからね。そういう方とやってきた監督ですから、今回僕は緊張してます」

縁の遠くなった家族のことを褒められたようで、鼻の奥がツンとした。自分の身内同然だった人を切り捨てた背徳感に手を添えてくれたのが、よもや後任の若い人だとは。

「ちゃんとYさんに任せますから」

と私は答えた。


映画作りもどんどん窮屈になってきている。「コンプライアンス」という英語の意味を、私は数年前まで知りもしなかった。けれど今は私たちの住む世界でも、その単語を聞かない日がない。映画屋なんて、裏社会の人々と区別のつかない愚連隊も同然だという見方はもう古い。社会に出回っている既製品や著作物の無断使用、法令に触れる撮影行為は控えなければ出資元の会社が世間の非難を浴び、ビジネスが立ち行かなくなる、ということだ。

撮影所黄金期のプログラムピクチャー大量生産時代、撮影が夜中まで及べばスタッフにはヒロポンが配られていたというのはよく聞かされたエピソード。時代劇の合戦シーンで馬を死なせるのは当たり前。撮影許可の下りない国鉄の列車の中では頻繁にゲリラ撮影が決行された。警察署にしょっぴかれる人身御供《ごくう》のスタッフをあらかじめ用意したうえで、都心でビルの上から万札をばらまいたり、駆け出しの大部屋俳優はスタントなしで宙吊り《ちゅうづ》にされたり車や船で引き回されたり。CGなどない時代、とんでもなく危険なことや非人道的なことが映画には映っており、そういう危なさがそのまま映画だけの持つ迫力だった。

今の映画では銀行強盗犯だって、一般道を逃走するときはきっちりシートベルトを締める。動物が苦しむ場面は完璧にCG処理され、「私たちは、一匹の動物も傷つけていません」というクレジットが入る。画面に映る市販の食品、洗剤、書籍、家電のパッケージは全て販売元に使用許諾を取る。俳優がキリンビールのCMに出ていれば、アサヒやサッポロの飲料やポスターは画面から排除され、自動車保険のCMキャラクターを務めていれば、交通事故を起こすシーンもカットされる。こんな風に映画を作るのが、正しいことなのだろう。けれどこんな風に映画を作っていくしかないのなら、私たちは『七人の侍』や『太陽を盗んだ男』や『仁義なき戦い』や『新幹線大爆破』の興奮には、もう二度とスクリーンでは出会えないことも覚悟しなければならない。

めちゃめちゃなことをして作った、めちゃめちゃな迫力の映画を観て打ちのめされて映画の世界に入ってきたスタッフの心のうちには、ぶすぶすとくすぶる不満がある。なんでこんな窮屈な時代に自分は映画を作ることになったんだ。俺たちだって監督のやりたいことをやらせてあげたいですよ。でもどうにもならないんですよ。という苦悶《くもん》が若い頬に滲《にじ》んでいる。めちゃめちゃでもあり、おおらかでもあった時代を謳歌《おうか》した人間に、自分たちの窮屈さと失望がわかるのか。良い時代じゃないことなんか承知でも、俺たちには今という時代しかない、という怒りもあるだろう。

一方で、そのめちゃめちゃな時代をリアルタイムで通過し、サバイブしてきたベテランもいる。キャメラマンとして今回お願いしたのは、石井聰亙（現・石井岳龍）監督、石井隆監督、阪本順治監督、松岡錠司監督、豊田利晃監督、李相日監督らの撮影を担ってきた笠《かさ》松則通《まつのりみち》さん。人は映画にかぶれ始めてしばらくすると、監督の名前で観る映画を選ぶようになるものだが、「一体この画は誰が撮っているんだろう」と私が初めて撮影者の名前を意識したのは阪本監督作品の笠松さんだった。画が引き締まっていて、男の人が色っぽくて、物語を邪魔せず、これ見よがしではない情感がある。面白いのは、四十代の私だけではなく、笠松さんについて同じように青春を震わされた記憶を持つスタッフが、五十代にも、三十代にも、二十代にもいることだ。ノスタルジーではなく、思い浮かべる映画は各々の世代で異なる。時代ごとに、時代を代表するような監督と組んで、ずっと第一線を張ってきた証拠である。私にとっては憧れが強くてこれまで声をかける勇気もなかったが、こんな時代じゃ私もいつまで映画を撮れるかわからない。笠松さんは、とても映画らしい映画を撮るキャメラマンだ。勇気を出すのは、もう今しかない。
「東京都の規制が年々厳しくなって、警察の道路使用許可がどうしても下りないんです」とベソをかかんばかりに事情を説明する若い制作部に対し、「なるほどねえ……」と私が分別ありげな相槌を打ってとりなそうとしている横で、「プロデューサーが会社クビになりゃいいだけだろ」と真顔で言い放つ笠松さん。きゃっ、愚連隊‼

こうして、若いスタッフ、超がつくほどの伝説的スタッフも織り交ぜながら、ついに映画作りが始まった。どうやら最年長者は私よりも二十五歳上、最年少は二十四歳下らしい。ちょうどおへその位置にいる私。全体のおよそ三分の一はかつて同じ釜の飯を食ったこともある馴染みの人々、しかし三分の二はお初のお手合わせとなる人々だ。初めての人々に対しては手探りから始まり緊張もするが、過去の思い出と比較して、冷めた目つきで見定めてくるのはむしろ古い付き合いの人の方だ。

ずらりと並んだスタッフの前で、「監督の西川です」と頭を下げる。

ああ、こわばって、挨拶の声も上ずってしまった。この船は、浮かぶのか、沈むのか。怖い怖い怖い！　無理無理無理無理！　と騒ぎながらも、気がついたらもう岸壁は遠ざかり、船は沖へ出ていた。

※映画においては、資金を集め、映画を商品として世に送り出す役割を『製作』、現場に立ち、映画そのものを創作する役割を『制作』と表記分けする。

幸福

2020年6月号

撮影は今年の一月半ばに全て終えた。

物語は、二月の北海道・旭川の刑務所の朝から始まる。原作の設定ではマイナス二十度。主人公は、十三年ぶりに刑務所の門を出て、粉雪の舞う真っ白い世界に踏み出し、身元引受人の待つ東京へと旅立って行く。

その後の東京暮らしのロケは、二〇一九年の秋から師走にかけて全て撮り終えていた。映画はしばしば、物語の並びと撮り順とが逆になる。東京に出てからの主人公の運命を一旦私たちは全て見届けたが、唯一残していた冒頭のシーンを撮るために北の大地に雪が降るのを待ち、松の内が明けると再びスタッフが集まった。「あ、○○くん。髪切ってる……」「やだ、○○さん、正月太り……」休み明けに新学期が始まって、クラスメイトと再会するような、ちょっぴり甘酸っぱい気持ちになるのは一体なんなのか。まあいいや、ホルモン分泌。

例にない暖冬だったが、幸いにも内陸の寒冷地である旭川には必要十分な積雪があり、ロケ隊の宿泊するホテルはスキー目的の中国人観光客でごった返していた。黒ずくめの撮影スタッフにひきかえ中国からのお客さんは老いも若きも目の覚めるような赤やピンクの防寒着に身を包み、カチカチに凍《い》てついた歩道の上で足を滑らせながら自撮り棒で集合写真を撮っていた。

海外の人からの北海道人気は高い。初めて取材で旭川を訪れた二〇一七年にも、列車の中で美しい色のヒジャブをかぶったムスリムの女性たちと隣り合った。「どちらから？」と尋ねると「マレーシアです。雪を見に来たんです」と嬉しそうに答えてくれた。そこからヒントを得て、主人公が札幌へ向かう特急列車内で外国人旅行客に囲まれる場面を書いた。彼が刑務所に入ったのは二〇〇四年の設定で、北京オリンピックよりさらに四年前のことである。その後日本中の観光地やデパートでチャイナマネーがばらまかれることになる現実を肌で感じたこともない。少し留守をしているうちに、世界は馴染みのない場所に変わるのだ。

旅行客役として、東京に住む中国人の董《トウ》さん一家をわざわざ旭川まで呼び寄せた。私たちのホテルには毎度エレベーターが閉まらないほど中国人で溢れているのだから、そのまま旗でも振って特急列車に誘導した方が手っ取り早そうにも思えたが、ＪＲ北海道と一年がかりで撮影交渉を重ねてきた一回きりの貸切車両だ。アクシデントは許されない。董さん一家とも入念なリハーサルをした上で派手な観光客ファッションに身を包んでもらい、車内ではお菓子や果物を家族と分け合いながら、できるだけ大きな声で北京語を喋ってください、と演出をした。普段東京でソフトウェアエンジニアとして働く菫さんもその家族も実に物静かな人たちで、本当はそんな声で喋ったりはしないのだが。

札幌まであと十分、というところで全てのカットを撮りきり、動く車中でクランク・アップした。縦長の車内はエキストラとスタッフとでぎゅうぎゅうで、撮影終了の感慨もへったくれもない。札幌駅に着くや、バケツリレー方式で機材を降ろし、菫さん一家ともがっちり握手、主演俳優はそのまま新千歳空港から帰路に就いた。私たちは、何もかもから解放されて夜の旭川で朝までどんちゃん騒ぎだ――。それが三月《みつき》前のこと。今ではもう夢のようだ。菫さん一家はまだ日本に残っているだろうか。旭川のホテルには、いまどんなお客が泊まっているだろう？　私たちは、肩と肩が触れ合うような距離でキャメラを取り囲み、俳優は俳優同士でお互いのつばきがとぶほど顔を寄せ合っていた。自分の撮ったフィルムを見返して、自分で驚いてしまう。「こんなことが許されていたなんて、奇跡だ」。

日に日に状況は変わった。撮影が終わると成城にある八畳の編集室に四、五人で毎日集まり、扉を閉めきった状態で撮影素材を切ったり貼ったり、半日やる。親しいスタッフがインフルエンザにかかったりもして、ある日マスクをして行くと、「花粉症ですか？」と助手に訊かれた。

「違うよ。予防だよ。なんか色々あるっていうし」

「へえ、そうですか」

編集技師の宮島竜治《みやじまりゅうじ》さんは知人のことを心配していた。

「僕の教えてる芸大で、武漢《ぶかん》に家族がいるっていう留学生がいてね」

「そりゃ気の毒だなあ」

「街を出られなくて大変だそうだよ」

「あちらの人はコウモリを食べてるって噂は本当でしょうか」

「コウモリを食べて倒れるといえば、オジー・オズボーンのパフォーマンスだけどね」

「なんですかその話？」

「知らない？　オジー・オズボーン」

「おじい……何ですか？」

「いや、もういい」

そんな会話をしていたのが一月末。


二月二十日。録音技師の白取貢《しらとりみつぐ》さんの機材だらけの作業部屋に八人集まり、効果音の打ち合わせ。

こりゃもしかして、「密集」ってやつじゃないですか？　と言って各々マスクをつけ、冷え切った廊下との間の扉を開けっ放して二時間半。

「主人公が歩く商店街でアナウンスを流したいんです。あるでしょう、昔ながらの商店街のスピーカーから流れてる、甲高い声のおばちゃんの独特なアナウンス。『おしゃれで、すみよい、一番町商店街のスタンプをお集めではありませんか?』みたいなの」

「商店街放送専門のナレーターさんがいるみたいですけど、調べたら八十六歳の現役だそうなんですよ」

「ぜひオファーしよう。餅は餅屋」

「しかし八十六歳にスタジオまで来てもらうのも大変ですから、自宅まで録りに行かせてもらいましょうか」

「自宅ってどこ?」

「王子（東京都北区）だそうです」

「よおーし、行くか。マイク持って」

議論白熱、途中からマスクは耳からぶら下がっていた……。


二月二十二日。調布・角川大映スタジオにてアフレコ。

「アフレコ」とはアフター・レコーディングの略である。現代の日本映画は撮影現場で同時録音した音声を使うのが一般的だが、飛行機や工事の騒音で台詞の録音状態が悪かった場合や、「この一言を足しておきたい」という演出プランが出た場合などに、後から俳優をアフレコルームに呼んで改めて録音させてもらう。

しかしセットの調った撮影現場で衣装を着込み、メイクを整え、相手の役者と立ち回りながら演じるのと、殺風景な密室の録音ブースで台本片手に私服で喋るのとでは、芝居の質感は変わってしまう。二十テイクもアフレコしたのに、後から聴き比べてみればやっぱり現場の声質の方が真に迫っていた、という場合は多い。俳優の目の前にはモニターが置かれ、まさにそのシーンを演じる自分自身が映し出されていてもだ。人間は、無意識でも目の前にいる人物の表情や仕草、その人との距離、空間の広さ、体に当たる風などに反応して、声のトーンが無限に変化するのだ。

「ちぇっ。画を見てみろよ。こんな強風の砂浜でそんな小さな声量で喋るか？」と防音ガラス越しに舌打ちをするけれど、俳優たちにも事情はある。すでに撮影から一月以上も経っており、こっちでは思慮深い記者を演じていた俳優も、その間にツッパリ高校生の役をこなして戻って来ていたりするわけで。何とか彼らに空間や情感を取り戻してもらおうと、立たせてみたり、走らせてみたり、体を押さえつけてみたり。それでもダメなら、三十テイク録って、いいところをツギハギだ。

「ひどいよ山田くん（テイク3）、一体君はどうしてそんなふうに考えるんだい（テイク5）。言ったじゃないか（テイク6）。僕らの友情は（テイク8か9）永遠だって（テイク1）。あの言葉は、嘘だったっていうのかい（テイク25）？　僕は（テイク24）そうは思わないよ（テイク2）。そうは思わない（テイク30）」

まさか後からここまで細工をされているとは、本人たちも気づいていないだろう。

しかし主演俳優Yさんに限っては、そんな小細工は無用である。そもそも現場の台詞ミスなど皆無。声にやむなく雑音が混じった箇所を録り直すためにアフレコに呼んだが、テストなどせずとも怖いほどぴったりハマる。体の中に正確なメトロノームか再生装置でも入っているのではないかと思うほど、解釈、情感、声のトーン、リズム、現場で録った前後の台詞と一分の段差もない。もちろん「同じ芝居しかできない」という部類とは違う。仮に「ちょっと明るいトーンでやってみてもらってもいいですか」と注文をつけると、変わる塩梅は、いわば「塩ひとつまみ分」。必ずしも「明るく」なるわけではない。しかし、そのひとつまみ分の変化を見たときに、一体自分がどこに着地したがっていたのかを演出家は初めて知らされる。ああ、それなんです、私が欲しかったのは。なのに「ちょっと明るいトーンで」だなんて……何と雑な注文の出し方（赤面）！

「いいえ、監督がそう仰ったから」と微笑むYさん。映画の神さまが送り込んだ天使なのじゃなかろうか。

一時間を予定していたアフレコを十五分で片付けて、Yさんは帰り支度をし、マスクをつけられた。

「コロナ怖いね。俺、六十越えてるから」

「何を仰るんですか。全然お若いから」

「オリンピック、延期かな。ちょっともう危ないかもしれませんね」

「夏は観るものがなくなりそうですねえ」

Yさんと私の唯一の共通点は、暇さえあればスポーツを観るということ。まだまだ、実感どころじゃなかった。

二月最終週。調布・角川大映スタジオの「フォーリーステージ」。

畳、コンクリート、タイル、フローリング、カーペット、土、砂利《じゃり》などの床材が敷かれ、革靴、ハイヒール、ゴム長靴、スニーカー、下駄、草履《ぞうり》、あらゆる種類の履物が揃っている。水場や、キッチン、ロープ、鎖、ポリバケツ、ダイニングテーブル、木製椅子、パイプ椅子、キャスター付きの椅子、トタン、コンクリートブロック、ティッシュ、ぬいぐるみ、ヘルメット、鉄パイプ、ノコギリ、手錠、布団、風呂桶《おけ》、竹竿《たけざお》、ザル、シャベル、脚立、サッカーボール、ゴミ袋、等々が雑然と広がっている。野菜や鉢植えの花やカップラーメンなどが放り出されていることもある。日常から非日常までがあまねく混じり合い、その世界観のちゃんぽんぶりに、足を踏み入れるだけで軽く眩暈《めまい》がする。ここはサイコキラーのガレージか？

スタジオの扉が開き、「お疲れ様です」と腰にワイヤレスマイクをくくりつけてスポーツウエアで迎えてくれるのは音響効果技師である。ここでは編集済みの映像を再生しながら、効果部が俳優の動きに合わせて足音や衣《きぬ》ずれの音を録る「ナマ音録り」と呼ばれる作業がされている。しかしそもそもどうして一挙手一投足の音まで再現録音する必要があるのか？　台詞と同様に、足音や衣ずれだって、現場のマイクで録れている。しかし映画は海外に渡ってその国ごとの言語で「吹き替え版」が作られる場合がある。そのためには、登場人物の台詞の音だけを抜いて、音楽、効果音は全てオリジナルと同じようにつけられたパッケージが必要になるのだ。つまり私たちが観ている日本語吹き替え版の外国映画も、足音、ドアの開閉、グラスの乾杯の音、甘いキスの音に至るまで、一切は俳優本人の出した音ではなく、本国の音響効果部のおじさんが自分の腕の柔らかい肉にちゅうちゅう唇を吸いつけて録った音だったりするわけ。言語の異なる遠いどこかの人々が観ることを見込んで、劇中で鳴った全ての音を再現するところまでが、その作品の音響効果技師の役目である。もちろん、国内版を完成させる際にも、「ラーメンをすする音をちょっと強めに聴かせたいなあ」と私がオーダーしたときに、「ではナマ音を強めに出しましょう」とすぐに補強できるように、彼らはスタジオ内で自分の体を動かして録音する。

音響効果部の洞察力、俊敏性、身体能力は、俳優にも劣らない。一度映像を見ただけで、そのシーンの登場人物の歩きのリズム、何歩目で立ち止まって、足踏みし、駆け足になり、どこで飛び跳ねるかまで正確に記憶して、マイクの前で革靴やハイヒールを履いて全く同じタイミングで音を再現する。風呂の場面では、水を溜めた浴槽に足をつけたり出したり、タオルで石けんを泡立てたり絞ってみたり、食卓のシーンでは茶碗や箸の上げ下ろし、喧嘩のシーンでは鉄パイプや竹竿を振り回したり、そんな作業を密室で三時間、四時間、休憩なしで動きっぱなしだ。技師と助手は二人ともぴっちりとマスクで顔を覆い、どんなに走っても暴れても、マイクの前ではため息ひとつ漏らさない。

何年ぶりに会っても十代の少年のような出《い》で立ちの効果技師の北田《きただ》雅也《まさや》さんに、聞いてみた。

「おいくつになられました？」

「五十二ですよ」

「五十二ぃ？　このために何か運動されてるんですか。失礼ですけど、すごく体が引き締まっておられますよね（お尻がものすごく持ち上がってて……と言いかけて口を覆う）」

「ゼロです。僕は家では寝たきり中年ですから。月にだいたい一週間くらい、このナマ音録りをするだけですよ」

「ものすごいエクササイズなんですね……。効果部はやっぱり運動神経が良くないとダメですか」

「それはわからないけど、体幹は強くないと難しいでしょうね。体は硬くても構わないけど、ボディバランスは必要だと思う」

「北田さんでも苦手な動作とかあるんですか」

「うーん……巨体の役者の音を出すのは難しいですね。どんなにドカドカ歩いても、体重の重さが音に乗らない。そういうときは大きい体の人がやった方がいいんですよ」

一緒に見学に来た美術デザイナーの三ツ松《みまつ》けいこさんは終始驚いていた。「二十五年以上映画の仕事してるけど、まさか撮影後にこんなことをしてるとは……」。映画のスタッフも、自分の持ち場以外のことは案外知らないことが多いらしい。

感心しきりの三ツ松さんを見ていると、まるで自分の仕事を褒められたように得意な気持ちになり、豪徳寺の小さな飲み屋で一杯ひっかけて帰った。

「……ねえ、マスクまだある？」

「あたし、実は使い捨てのやつ洗っては使ってんのよ」

「ネットで中国人が半分に切ったグレープフルーツにゴムを通してマスクにしてる画像を見たわ」

「最後はそれしかないかもね」

などと話しながら、初物の山菜をつついたりしていた。


三月六日。音楽スタジオに詰めて、試作されたデモ音源に聴き入る。

「すごく雰囲気はいいんです。コントラバスも、フェンダー・ローズの鍵盤の音もぴったりだと思います。だけどもう少し曲調に前向きな感じが欲しいんです。メロディは明るくなくていいんですけど、リズムで……と言っても、踊るようなノリではなくて、ゆっくりなテンポで人生に秒針の音が刻まれ始めるような、聴いてるうちにだんだんそれがリズムだって気付くような、何ちゅうんでしょうその——」

「はあ……」

限りなく抽象的な私の注文に辛抱強く耳を傾けてくれるのはピアニストの林正樹《はやしまさき》さんと音楽プロデューサーの福島節《ふくしませつ》さん。林さんはライブツアーであちこちへと出かける予定だったのだが、相次いで中止になりすっかり作曲の時間が出来てしまったそうだ。本作でお願いする曲は全部で二十二曲。演奏してもらう楽器の種類もピアノソロからフィドル、和太鼓、ブラスバンド、アボリジニの管楽器・ディジュリドゥまでと幅広い。福島さんと林さんが人脈を駆使して、様々な演奏家の方々を招いてくれた。

主人公が東京暮らしに挫折して、かつての仲間の居る福岡へと逃避行する場面がある。現代的な人と人との適正な距離に馴染めず、古めかしくも温かい「情」や「契り」の世界に引き戻されて行く主人公の心情に寄せて、林さんに一九五〇年代のジャズソングを模した曲を書いてもらった。

アフリカ系アメリカ人のシンガー、リディア・ハレルさんを推薦してくれたのはボストン在住のプロデューサー、カネサカ・ユキヒロさん。連日ライブでアメリカ各地を巡っていたリディアさんに、なんとか時間を作ってもらう算段をつけてくれた。録音はカネサカさんが自宅のスタジオにリディアさんを招き、東京の私たちと二箇所でリモート中継されるシステムだ。

しかし三週間後の三月二十六日、音楽スタジオに行くと、中継のパソコン画面は三分割されており、初対面のリディアさんは、マイクを立てた自宅のクローゼットの中から私たちにハァイ、と手を振った。

「何か事情が変わったんですか?」

「つい先日、マサチューセッツ州でもとうとう外出禁止令が出たんですよ。録音も無理かと思ったけれど、幸いリディアさんが自宅にマイクを持っていたのでこんなかたちになりました」

リディアさんのライブも全て流れてしまったそうだ。私たちが東京から投げる要望をボストンのカネサカさんが英語で演出し、リディアさんはハンガーにかかった洋服に囲まれた中で伸びやかな美声を発し（スタジオ並みの吸音効果らしい）、録れた音源はデータ化して、三十秒もしないうちに送られて来た。技術はこんなにも進化して、世界はもうこんなにも近いのか。

「いやはや、カネサカさん、本当にこのたびは大変な中……」

「これもいい経験ですよ。最高。お互い元気に生き延びましょう。じゃ、さよなら」

アメリカの音楽社会でしのぎを削るカネサカさんにくどくど辛気臭い挨拶など不要らしく、ぶつりとボストンからの中継は途絶えた。世界は近いようでもあるけど、まるで宇宙船の乗組員との交信のように、はるかかなたにも感じる。

三月二十五日。大泉・東映撮影所内グレーディングルーム。

編集の結果二時間二分ほどの完成尺になった作品だが、冒頭から順に、全てのカットの色や明るさを調整していくのが「カラー・グレーディング」と呼ばれる作業だ。

これは映画がデジタル化されてから取り入れられた作業工程で、私にもまだ馴染みが薄い。フィルムで撮られて、フィルムで上映されていたころは、現場でキャメラマンと照明技師がレンズやライトにフィルターを仕込み、色温度や露出を計算したものが仕上がりのほとんどを支配した。その創意工夫の結果は、撮影工学の知識と経験とを培った者のみぞ知る色であり、誰にも見えざる光と色を掌握するキャメラマンは、シャーマン的な神性を保つ存在だった。

フィルム時代にも現像所のプリント技術によって、明るさ調整や色味の補整はされてきた。二時間の試写を観た上で会議を開き、卓上で紙に印刷された全カットのリストを見ながら監督とキャメラマンがオーダーをする。

「シーン85の3カット目。少しイメージより明るかったから、絞りを一つ絞って、ブルーをさらに足してください」など。

技師はそれを受けて絞りやフィルターを調整してプリントを焼き直し、後日もう一度試写を観て、修正を確認して終わり。今にして思えば、シンプルだった。「青みを足したい」といえば四角い画面全体が青く焼かれ、空も主人公の顔も同じように青くなることは避けられなかった。それがデジタル化されて、何が可能になったか――例えば秋に撮った街路樹の黄色い葉っぱが、そこだけ囲い取って鮮やかな新緑に変色され、季節を「春」に変えられる。木々の前を通り過ぎる人物の顔の色は、全く影響を受けないままに。グレーディングルームでの作業は全て私たちの目の前のスクリーンで可視化され、色が強すぎると感じれば、「ちょっと戻して」と即座に修正してもらうこともできる。

「奥の壁面だけ少し明るさを落としてください」

「全体は暗いまま、人物の顔色だけ少し持ち上げて、表情を見えやすくしてもらえますか」

「俳優が歯を手入れしすぎて真っ白なんです。役の生活レベルと合わない。黄ばませてください」

少し前までの映画作りでは、考えもしなかった魔法だ。演出家の要求は重箱の隅をつつくように細部に至り、際限なく欲深くなる。諦めも悪くなる。スタッフも、かつては現場で映るものが全てと思って、誰もが目を血走らせてキャメラの脇に立っていたけど、「あとでどうにかできるだろう」とみんなどこかで思うようになった。より高い要求が可能になった自由を得て、私は演出家としての腕を上げているだろうか？「抗《あらが》えない自然」のようなものにひれ伏していた頃の、動物的な集中力や危機回避能力は、どこかに置き忘れてしまったようにも思う。

毎日、十時からきっちり八時間、五十畳ほどの真っ暗闇の密閉空間でスクリーンを見ながら作業が行われた。「一つの室内に十人以上が集わないように、と会社からお達しが出たので、それは厳守します」とプロデューサーが言った。

ところが三日目が終了したところで、私の助手がとろんとした表情で妙なことを言い出した。

「一日中真っ暗闇の中にいるからでしょうか。目は覚めてるのに、ボーッとして、体が起きてこない感じがするんです」

「……おい！　それ『倦怠感《けんたいかん》』じゃないか！」

「倦怠感じゃありませんよ。体が寝てる感じがしてダルいだけなんですってば」

「それを倦怠感って言わずに何て言うんだ。明日から自宅待機」

「そんな！」

「そんな、じゃない。疑わしいときは来ないのが世のためなの。ハウス！」

以後、泣く泣く助手は自宅待機することになった。若い人には若い人なりの責任感と、「自分ごときが倒れられない」「最前線にいなければ、明日には席がなくなるのでは」という焦りがあるものだ。「休め」という言葉に、「お前など来なくても同じ」と宣告されたような冷淡さを感じ取ってしまうのだろう。しかし私自身も、強い語調で助手に言い放ってしまった後で初めて、「これまでぼんやりしてきたけど、確かにちょっと引き締めないとなあ」と思うようになった。


「近寄るんじゃない。お前のコロナがうつるだろ」

「なんてことを、笠松さん！　でも、はい。近寄りません」

とは、グレーディングルームに隣り合って座ったキャメラマンの笠松さんと撮影助手の会話。撮影所内では全ての部屋にアルコール消毒液が置かれ、カレー一皿百七十円という撮影クルーの味方である所内の食堂はすでに閉鎖され、代わりにお弁当の製造を始めたらしい。

私はマスクをした顔でプロデューサーにできる限り近づき、前の晩に密《ひそ》かに伝え聞いた情報を囁《ささや》いた。

「あなたにだから一応伝えておきますがね、どうも東京は四月二日からロックダウンされるって噂があるんですよ。政府関係者の親戚って人からのメールがある筋から転送されてきたんです。ここだけの話ですよ。デマだといけませんから」

「……」

「しかしそろそろ私たちも今後の展開を考えておかないとね。何かが起きてからじゃ作品にもミソがつく」

「そうですね。知り合いが準備していた配信の作品は中断したらしいです。自衛隊が協力してくれるはずの内容だったらしいんですが、今それどころじゃないと」

「気の毒に。先週まであちこち飛び回ってたのに……」

「3スタで撮影してた映画も遂に止まったそうですし」

「こんな状況で撮影だなんて考えられないよ。役者同士が裸で抱き合ったり、できるもんか」

「それから監督、さっきの『ここだけの話』ですけど、撮影助手さんも全く同じことを『ここだけの話』として僕に伝えて来たんですが」

「……やっぱりデマかあ」

七日間のグレーディング期間のうちに、首相も都知事も会見を開いた。しかしとにかく作業は最後のカットまで行き着き、画にまつわる全ての調整は終了した。「無事に終えられて本当によかったです。皆さん、元気に初号試写で会いましょう」とみんな笑顔で別れたけれども、もしかしたらオペレーターにも、カラリストにも家庭があり、「まだ仕事を休めないの？」と心配をかけていたかもしれない。私のような独り者ですら、田舎の親から「あんたいつまで仕事してんのよ」となじられる。しかし『ウォーキング・デッド』みたいにゾンビ化したお隣さんにドアを叩き壊されそうになっているならともかく、敵は見えない、体も元気。「実は家族から家にいてほしいと言われてるんですが」とは、一個人としてはなかなか言い出せない。

みんな上司が、社長が、会社が、自治体が、政府が、「休め」と言って初めて休めるのだろう。誰も自分のせいで物事が止まってしまった、と思いたくはない。私も同じく。けれどもしこの先一緒に仕事をしてきた誰かの身に取り返しのつかないことが起きたとすれば、「あのとき止めるべきは自分だった」と後悔することになるのだろうか。

同じ撮影所内にいたテレビシリーズの俳優に陽性反応が出たというニュースが出たのは、帰宅した直後だった。私たちとは作業棟が別で接点もないが、初日にみんなで休業直前の食堂に行ったのが気がかりだった。撮影所じゅうで仕事をするスタッフが、十代から七十代まで、トレーを持って芋洗い状態で並んでいた。

「すぐ検査しなきゃ！」

慌てて東京都福祉保健局のコールセンターに電話をかけ、三十分後にようやくつながった。

「陽性の方の濃厚接触者である場合は、保健所から連絡が来て検査対象になりますが、危険な範囲の接触がない方の場合はしばらく様子を見られて、三十七・五度以上の熱が四日以上続いた場合は、かかりつけのお医者様にご相談ください。肺炎など、医師の判断でそれらしい症状が出たとみなされた場合は、ＰＣＲ検査を受けることになります」

「じゃあ、検査受けなくっていいんですね。怪しいけど」

「ご心配だと思いますが、しばらくご自宅で様子を見てください。どうぞお大事に」

コールセンターの女性は、大変落ち着いた口調で、ほどよく同情的な話しぶりであったので、私はすっかりなだめられてしまった。けれどもその後三日もしないうちに、「検査して欲しくても簡単にはしてくれない」「高熱が出続けてもたらい回しにされた」と日本中で悲鳴が上がり始めることになるのだった。

ついに私も自主隔離の生活が始まった。四日前に「倦怠感」を訴えた助手は、幸いよく寝たらすっかり元気になったそうだが、グレーディングを終えたスタッフたちは、ホテルを取ってしばらく家族と離れて生活したり、毎日熱を測り、家庭内でもマスクをして過ごしたという。私のことを心配してくれた友人からは「頑張って家にいてね。マスクしてウォーキングはいいけど、ジョギングはダメよ。ゼエゼエ言って、撒《ま》き散らすから」と言ってレトルトジャージャー麺のタレが送られて来た。

効果音も音楽も全て録り終わり、王子の八十六歳の商店街アナウンサー訪問は中止にして、自宅で録音した音源を送ってもらった。色調が完璧に整った映像に、あとは全ての音を合わせるだけで、映画は完成する。四月中旬から十日間、角川大映スタジオのダビングルームに録音技師、音響効果技師、音楽エディター、スタジオエンジニアと集まって、映画作りの最後の仕上げが始まる予定だったところで、全てを停止した。

「ずっと準備してきてもらったのに、すみませんね」

撮影終了から二ヶ月半、作業場にこもって現場で録った音の整音を続けてきてくれた録音技師の白取さんに電話した。

「俺はいつでもいいよ。命あっての物種だもん」

「そういう言葉を使うことになるとはねえ。ついこないだまで、みんなでわけわかんなくなるまでお酒飲んでたのに」

「信じらんないよな。今じゃ怖くてできやしねえよ」

「白取さん、元気でね」

「うん、元気で会いましょう」

万が一ということもある。このまま自分が死んだら、あと一歩というところで映画は未完に終わってお蔵入りだろうか。それよりは残った人に頼めるように、今の内に残りの作業の虎の巻でも書いておいた方が良いのかとも思う。そんなことを考えながら、当座やることもなく、自宅でＤＶＤやオンデマンドを観ていると、どんな映画でも例外なく、人と人とが面と向かい、議論をし、頬をはたき、取っ組み合い、肩を抱き、肌をかさね、マスクもせずに大きな口を開けて笑ったり泣いたりしている。ああ、世界は奇跡に満ちていたんだな。人と人とが距離を置かずに交じり合っているというだけで、こんなにも幸福そうに見えるじゃないか。私の映画の主人公も、多くの幸福をフィルムに焼き付けてくれている。それをちゃんと仕上げて、人に見せなくちゃ。そう思うとやっぱり死んでもいられない。

またスタジオの密室で、朝から晩まで膝と膝をつき合わせながら、人たちと仕事ができるときのことを思うと、それだけで胸が躍るような気持ちだ。私たちは、必ずその日を迎える。それまでは窓外の空に憧れながら、麺を茹《ゆ》でてはネギを刻み、タレをかけて食す日々だ。

山

2020年8月号

　大事にしすぎて全く着なかった洋服や、今日はまだやめておこう、と我慢して好物の食材を駄目にしてしまうことはないだろうか。私はよくある。このコロナ禍でも、スーパーに行って奮発して買った肉の塊。こんな時だからこそ、とびきりの時間を過ごせるタイミングにゆっくり手をかけて鍋で煮込んで、きれいな付け合わせと、美味しいお酒と一緒にいただくのさ。と夢見たまま、冷凍庫に眠っている。区切りなく続く自宅待機の中において、「とびきりのじかん」が一体いつなのか測りかねているうちに、やがて自炊に疲れ、自粛要請は解除され、飲み屋は開き、うやむやになっている。よもや冷凍焼けを起こしてはいまいかと思うと冷凍庫を開ける勇気も持てない。けれどいまだむやみに人を食事に誘い出すのもはばかられ、結局スーパーに立ち寄って、安い豚コマを買って来て、ちゃーっと炒めて食事を済ます。なんであんな立派な塊肉がありながら、とそしりを受けているような気にもなるが、手が出ない。まだその時じゃない。私はまだ、塊肉に見合う人間じゃない。

　塊肉にたとえたかったわけではないが、私にはこれまでどうしてもオファーをできずにきた俳優が一人いた。これまでの作品も本心ではその人に主役をやってもらいたいと脚本を当て書きしていた、ということではなく、はなからそこへ手が出なかったのだ。まだまだまだ。その時じゃない。もっと、その人にふさわしい、良いものを書く時が来るさ、きっと書くようになるさ、と自分を泳がせていた。しかし「時が来たら」と言っているような奴《やつ》のところには大抵その「時」は来ない。「時」というのは、人が自ら摑みに行くものだからだ。

役所広司《やくしょこうじ》さん。勝手に入れ上げているのには、私なりの因縁があったのだ。高校二年生のとき、役所さんが演じた実在の連続殺人鬼・西口彰《あきら》の逮捕劇が描かれたテレビドラマ『実録犯罪史シリーズ／恐怖の二十四時間　連続殺人鬼　西口彰の最期』（'91・中島丈博脚本・深町幸男演出）を観た。

西口彰はちょうど昭和の東京五輪で日本が沸き立っていたころ、金目当てに五人を殺し、方々で弁護士や大学教授をかたりながら日本中を逃げ回って警察の捜査を攪乱《かくらん》し、世間を震撼《しんかん》させた凶悪犯である。最初の殺人から一年以上が経ったころ、熊本の温泉町で冤罪《えんざい》死刑囚の助命活動をする僧侶宅に弁護士を名乗って上がり込んだところ、その家の十一歳の末娘に「ポスターの指名手配犯に似ている」と見抜かれたことであっさり縄を打たれ、六年後に死刑執行された。今村昌平監督は、映画『復讐するは我にあり』で事件の一つ一つを辿って西口の狂気を撮ったが、このテレビドラマは、冤罪で苦しむ人のために私財をなげうって活動する善意の一家が、救世主のように現れた弁護士先生を時の連続殺人鬼だと気づき、疑い、恐怖におののきながら一夜を過ごす物語である。面白そうでしょう？

西口の殺人には同情にあたうような動機などなく、全て行き当たりばったりで残虐なものだ。けれどドラマの中で描かれた西口は、冷酷無惨である以前にむせるほど人間臭い。人から盗んだ名刺を振りかざして名うての弁護士を演じ、一家にもてなされるままにいけしゃあしゃあと飯をよばれたかと思えば、僧侶の勘所をつくようにその活動を褒めそやして「死刑はいかん、法のもとで殺人を犯すなんて、野蛮で言語道断だ」と、まるで自身の行く末をかばうような熱弁を振るう。西口の目的は一家の貯《た》めた活動資金をくすねることだったが、すっかり信用した僧侶の妻が、夫の活動に身も心も疲れ果てたと打ち明ければ、膝をつき合わせて懸命に励ましたりもするのである。指名手配のポスターを覚えていた末娘が頑《かたく》なに「客人は西口だ」と主張したことから、次第に家族も怪しみ始めるが、なんと間の悪いことに、その晩に限って留守がちだった不良の長男が帰宅してしまった。「今日だけはおとなしくしてくれ」と拝み倒すのも聞かず、親に手をあげて荒れ狂っていたところ、二階から西口が降りて来た。息を呑む家族の前で、手加減もなく長男を小突き回し、二階に引きずり上げ、しまいには説教強盗よろしくこんこんと説き伏せるのである。

「あんな優しいお父さんがどこにいると思うか。家族はみんな善人じゃないか。その中でお前だけが悪人になってはいけないんだよ」

傍らでうなだれた長男に語るその言葉は、元は家族もあった自らに向けられていた。一度道を踏み外したら、あとは真っ暗な闇しかないんだ——と絞り出すように語る、西口の、いや、役所広司の暗い瞳といったら。

翌朝、通報を受けた警察に僧侶の目前で捕らえられた西口は、パトカーの窓から無理やり身を乗り出して、「福岡の、弁護士のところで会おう」と爛々《らんらん》とした眼で笑顔を放って見せた。人間って、どうしてこう複雑なんだろう、とそれを観てなんだかわからない涙が出てしまった。哀れで、惨めで、得体がしれなくて、だけどどうしてか、それに自分自身の内に巣くうどうしようもないものも赦《ゆる》されたような気持ちもして。あの場面がなければ、あれを役所さんがやっていなければ、私の進路はおそらく変わっていたと思う。自分もまた人間のわからなさを、何かによって描いていく生き方になる気が、その晩確かにしたのである。

だから私にとっては、「役所広司」という俳優はちょっと特別なところに位置していた。勝手にそこに自分の原点的なものを感じていたのである。時を経て私は映画を作ることを生業にするようになったが、配役に役所さんの名をあげることはできずに来た。西口彰以後も、主演映画の『Shall we ダンス?』は大ヒットを飛ばし、『うなぎ』がカンヌのパルムドールを獲り、海外の監督作品に招喚され、大小問わずあらゆる映画で主演を任され、役所さんは一度も俳優としての第一線から外れることはなく、名実ともに日本の俳優の最高峰である。私にしてみれば「三十年前にスポーツカーをトップギアに入れ、いまもそのまま走り続けているAくんに、随分遅れてから自転車で追いかけ始めたBくん」のように、追いつきようのない旅人算を解かされる感覚だった。いつか、いつかと思ってはいるが、そう思ううちにもさらにどんどん、遠く、高く離れて行く。私だけではない。日本で映画を撮る者は、誰もがあらゆる角度から登ろうとする山だ。その中で、どうすればいまだ誰も登らなかった未開のルートを見つけられるのだろうか。

けれど今村さんが撮った『復讐するは我にあり』の原作は、佐木隆三の小説である。佐木さんは西口彰を徹底的に調べて『復讐――』を書き、直木賞を獲ったが、その十五年後、今度は実在の元殺人者とまる四年間直にみっちり付き合って書きあげたのが、私が映画化する『身分帳』だ。手前勝手な因果に過ぎないが、【役所広司＝西口彰＝佐木隆三＝身分帳】というラインがはっきりと見えた。役所さんに頼むなら、この因縁をおいては他にないという気になった。二〇一八年。十七歳だった私も四十四歳になっていた。役所さん、六十二歳。今なのかもしれない。ついに、「時」が来た！　――ことにしたのである。私が役所さんに役を頼むのには、まどろっこしいがそれほどの「論拠」が必要だったのだ。

前作『永い言い訳』の主演の本木雅弘さんは、私が役所広司さんにオファーをしたことを聞いて、ネチネチ言ってきた。

「『日本のいちばん長い日』※の感想をくださったときも、監督は役所さんの阿南《あなみ》陸相を『ふしぎな滋味がある』とお褒めになってましたもんね。滋味――わたしにはついぞ体現し得ないものでありましょうが、監督がずっと憧れてこられた役所さまをどのように演出されるのかが今から楽しみです」

別れた女房から新しい女房のことをとやかく言われる感じ。うるせえなあ。おめえだってネットフリックスとか大河とかでよろしくやってんじゃねーか。しかし、別れた女房の方がいまにしてみれば気楽な関係ってこともありますよね。（※『日本のいちばん長い日』〈'15年・原田眞人監督〉では、役所さんは玉音放送の前に自決した陸軍大臣・阿南惟幾《これちか》を、本木さんは昭和天皇を演じて共演している）

本木さんは、『永い言い訳』クランクインの一年前から私の仕事場に歩いてやって来ては、「なぜその役がわたしであるべきなのか」「ほかの俳優ならうまくやるのに」「わたしじゃダメだと思うけど」という迷いや葛藤をくどいほど繰り返して聞かせ、その都度、「大丈夫だと思いますけど」という私の言葉を確認して、それでも首を傾げながら帰って行った。それが本木さん流の演出家とのキャッチボールだったのだ。私は辟易《へきえき》しながらも、そのプロセスによって本木雅弘という一見ガードの堅そうな俳優への緊張感とか遠慮を取り払われ、ある意味で「舐める」ことになった。そうなれば、演出家は肩の力を抜き、また無防備にもなる。本木さんはああ見えて、体裁やおためごかしを好まない人で、傷つけられてもいいからポロリと出る人の本音を期待している。心を尽くして褒めた言葉はスルーするくせに、一言でもミソをつけると後生大事に頬の中でねぶり回しているのだ。

いっぽう役所さんも、初顔合わせの時に「俺でいいんですか」と言われたが、それは設定年齢についてだった。私の書いた主人公は五十七歳。定年よりまだ少し前に刑務所から出て来た設定だ。「ちょっとジジイだけど。少し若くしなくちゃいけないね」とはにかむように言ってそれっきり、互いに会話らしい会話もない。俳優には、病的なおしゃべりと置物並みに寡黙な人と両方いるが、役所さんはどちらかといえば後者なのだろう。内容についてくどくど机上で語るのも好まれないかもしれないが、「何か脚本にご意見はありますでしょうか」と念のために尋ねてみたら、ちょっと台詞ですけど、と言っておもむろに鞄《かばん》から第三稿を取り出し、赤いフレームの老眼鏡を引っ掛けた。

「監督、ここの『ざまをみろ』って台詞は、『ざまあみろ』と言ってもいいですか」

「ああ、ええ、それは大丈夫です」

それしきのこと、何も丁寧に断りを入れなくても現場で自己流に変えてもらって構わないのに、と思った。役所さんはページをめくった。ちら、と覗けば自分の役の台詞全てに、赤鉛筆で傍線が引かれている。クランクインは一年二ヶ月後。これから脚本も四回、五回と直していく見込みなのだが——。

「（刑務所に預けていた古い時計の値段が）『当時で三十万円しました』。これ、『当時三十万しました』でもいいですか」

「『円』を省く、ということですね」

「『で』もなくていいですね」

「あ、はい」

「『やむを得ません、廃棄処分にしてください』。ここ、『処分してください』一言でいいですかね」

「……ええと、はい、大丈夫だと思います」

「『ところで事件についてはどう思ってる？』『事件と言いますと？』この受け応え、『……』ではいけませんか」

「黙って答えない、ということですね。どうかなあ……いいのか……」

「八ページ。ここの二行分の台詞、少し喋りすぎかなと思うんですが」

「前後とつながるかな……検討させてください」

「『課長と議論しても始まらんことです』この台詞、要りますか」

「これは本人の性格をよく表してる言葉だと思ってるので……お芝居を見せてもらってから判断してもいいですか」

「わかりました。次。『クズかごから出て来たクズを見る目つきです』。クズかご、という言葉がどうも、こいつの使う言葉にしては柔らかいっていうか、女性的な感じがするんですが、何か違う言い方が……」

「だとすれば『クズ入れ』、『ゴミ箱』、『肥溜《こえだ》め』、違うか……あ、『ゴミ溜め』ではいかがですか」

「ゴミ溜め……ゴミ溜め……うん、ではそれで。次、二十ページ――」

お互いテーブルを挟んで向き合って、鉛筆で書いては消し、書いては消し、を繰り返しながら数時間が過ぎた。その指摘は、全て具体的で実に微に入り細に入り、台詞の言い回しや接続語、語尾のたった一音の表現にまで至った。しかし、「どういう意図でこの台詞があるのか」「どんな感情を込めるべきなのか」などと、脚本解釈にまつわる抽象的な質問は一切なし。すでに役所さんの中には全ての答えがあるようにも見えた。その上で、現場で自分はこのように台詞を言うけれども、あなたの意図とのズレはないか、異論はなかろうの、と事前に言質を取られているような。

まだ製本さえされていないA４用紙で綴った脚本の最終ページが閉じられると、「前の稿にあった風呂屋のシーンが削られましたね。前貼り※が一回減ってよかった」とにっこり笑って玄関から出て行かれた。（※裸のシーンで局部を覆い隠すために布やテーピングを使って施す細工。俳優はそのために剃毛《ていもう》しなければならないらしい）

役所さんはおしゃべりではないが、決して黙っている人ではなかった。いっぽう私は「てにをは」の一言一句も変えてはならぬという完全主義の脚本家ではないが、しかし自分の書いた台詞の言い回しや単語を、俳優にこれほど細かく精査され、変更を求められた経験もなかった。しかもそこらのチンピラ役者じゃない。「役所広司」が指摘するのだ。しかも役所さんの態度には、ベテラン俳優のキャリアをかさにきたような居丈高な物言いや、こちらを試すようなブラフの気配は一切ない。だからこそ、シビアであった。一つ一つの直しが、はぐらかすことなど許されない重たい契約の調印のようだ。私の書いた台詞は、ダメなんだろうか。自分の力量に不安を感じざるを得なかった。会ってみてなお、私は役所広司という山の高さを改めて感じざるを得なくなった。ああ、エベレストは、エベレスト。

　企画の立ち上げのときからずっと私を傍《そば》で見てきたプロデューサーのKが言った。

「でもね、注文が多かったのは佐木さんの小説のままの引用が多い前半部分なんですよ。西川さんが自分で話を作った後半の展開の台詞には、ほとんど直しが入らなかったもの」

「そうだったかしら。役所さんもさすがにお疲れになったのでは？」

「いや、西川さんは小説への愛着が強すぎてなるべく原形を保とうとしてるけど、客観的に見ると生身の人間の喋り言葉としてはこなれてないんですよ。言葉数も多いし、やっぱり文学的っていうか。そこを役所さんは感じられてたんじゃないですか」

　言われてみれば、これは私にとって初めて他人の小説を原案にした長編映画である。佐木さんの書いた主人公にはしかも実在のモデルがおり、綿密な取材やテープ起こしから再現されたであろう台詞回しを、私は動かぬ「真理」だと思い込んできた節があった。これまでのオリジナル作品では、登場人物については、書いた私が世界の誰より正確に理解しているという自負を心の支柱にしてきたが、もしかしたら今回は、私以外の人の方が、より深く捉えているという可能性もある。

　役所さんの出演作を観て必ず思うのは、どんな役も「そういう人生を歩んできた人にしか見えない」ということだ。警察をやれば警察一筋で来た人に。クスリ漬けの極道を演じるときは、それ抜きの生活など経験したこともないかのように。久しぶりの恋をするときは、それに誰より戸惑う男のように。銀行マンだろうと武将だろうと、どれほど専門性の高い難解な台詞でも、口から浮いているように聞こえたためしがない。語彙は、その人の人生そのものだ。普段使ったことのない言い回し、きちんと意味を捉えていない言葉は、真似《まね》て喋ってもその人の発音には馴染まない。けれど役所さんの演技には、そういうほころびがない。他人が書いた台詞を覚えて言っているのではなく、その人物が自分の頭で考えて出てきた言葉に見える。

映画の配役のコツの一つとして、その役に近いパーソナリティの俳優を選ぶという方法がある。几帳面《きちょうめん》な役には几帳面な性格の人を、ユーモラスな役には、普段から人を笑わせるのが上手な人を。そうすれば、ちょっとしたしぐさや立ち居振る舞いにも現実味が出るし、俳優本人も、役の内面を我がことのように捉えやすく、身が入る。けれど役所さんの場合は、必ずしも演じてきた役の気質や人生観が自身に近かったわけではないのではないか。しかしいわゆる「カメレオン」と言われるように、自らの容姿を極端にモデルチェンジして役に擬態させているようにも見えない。ただどんなに自身と遠くても、その役の使う言葉や、動きや、考え方を、自分の中にある大きな甕《かめ》の中に飲み込んで、少しの違和感もざらつきもなくなるほどどろどろに馴染ませてしまっているように見える。もはや、役所さんが言っているのか、その役が言っているのか、観ている私には区別がつかない。

私がどこまで主人公を理解しようとしても、私自身の肉体が動き、口が言葉を喋るわけではない。いっぽうで役所さんはその役の生理を皮膚感覚で感じ取り、本来あってはならない雑味を感知しているのかもしれない。クランクインまでの一年二ヶ月の間には、NH

Kの『いだてん』などの大きな仕事も続いていたが、役所さんの中では早くも、役所さんしか知り得ない自家醸造の作業が始まっているのか。演出家の目指す目的地点さえ確認が取れれば、あとはどう演技すればその場所に辿り着けるのか、その一切の探究は全て「自分の仕事」と心得られているようにも見えた。そして私がそれをいちいち気にかけて、顔色を窺いに行くことなど望まれているようにも思えなかった。

心配ご無用。「愛している」と言ってもらわずとも、わかってござる。

主演俳優はよく、「座長」と称されることがあるが、それは舞台由来の言葉である。私は、古い撮影所由来の「俳優部」という言葉を久しぶりに思い出した。それはスター俳優含めすべての役者が、「演技」を預かる一部署として、撮影部、照明部、美術部、録音部、衣装部などと同格のプロフェッショナル集団として扱われていたことの表れだと思う。どの部署のスタッフも皆、演出プランを私から具体的に吸い上げた後は、それぞれの専門的スキルを駆使して情報を集め、ロケ場所と交渉し、仕掛けを作り、セットを建て、最良の道具や衣装や機材を選び、現場の日程に合わせて全てを揃えてくる。言い訳も泣き言も、監督の耳には聞かせない意地が張りつめている。役所さんの作品への向き合い方は、それと平たく同じ印象を私は受けた。

高い高い山に見えていたけれど、実は、霧に隠れた頂を目指して、一緒に並んで——いや、互いにかなり距離はあるものの、確実に同じ登山隊の中に属しながら、ともに道を切り分けてもらっているのだ。と、実感するまでには、まだ時間がかかるのではあるが。

妖怪

2020年10月号

闇の中に、とろみをつけたような暑さが溜まっている。やはり寝つけないのか、あるいはもう目が覚めたのか、丑《うし》三つ時でも遠くで鳴く烏《からす》がいる。

死んだらどこへ行くのだろうか。子供のころによく考えたようなことを、まどろみの中でふと思う。絵本や祖母の話に聞かされていた地獄や極楽は、こんな時代にもまだあるのだろうか。いや、ああいう場所こそ、リニューアルは必要ない。SNSで発信できようが、リモートで済ませられようが、針で刺されりゃ体は痛い。いやだなあ。そんなところに行きたくない。でも、もう取り返しがつかないか——そう思わずにはいられない心当たりが、あるにはある。

取材も終えて、脚本も出来て、配役を選ぶころ。今作でも私は、たくさんの俳優たちをオーディションで落選させた。出演時間が一分ほどの役を決めるのにも、数百の写真付きのプロフィールが集められ、書類選考で残った人々が会場にやってくる。決めなければならない役は二十を超える。連日分刻みでタイムスケジュールが組まれ、どんどん進まないと多くの人材は見られない。だから人生を芸能や演劇に賭し、血の滲むような鍛錬を重ねてきた彼らの演技を、私たちはたった十五分か二十分で判定し、選抜するのである。私の過去の映画のファンだ、とか、演技への並ならぬ情熱を言葉で語ってくれる人もいるが、それが採用につながることはまずない。「どこがどういけなかった」と納得のいく落選理由を私が直に伝える責も負わない。私が演出家という「選ぶ側」の職業を、彼らが役者という「選ばれる側」の職業を選択したことの因果に過ぎないとも言えるが、それにしても無情だ。不採用の人が私を現に恨み続けるかはともかく、無念は空に漂うだろう。作品ごとにこんなことを繰り返していたら、末はよからぬものが待ち受けていると思えて仕方がない。

十代や二十代のこれからという人ならまだしも、五十代、六十代、ひどい時には自分の親とも変わらないような人たちをオーディションルームの中央に並べた椅子に座らせて、品定めをすることもある。こっちはプロフィール資料がわんさと広げられた長机に肘をつき、頭のてっぺんから足のつま先までジロジロ見回すのだ。

まだ若いスタッフが、無遠慮にお定まりの進行をする。

「では、簡単に自己紹介と、自己PRをお願いします」

確かに誰もが知るところのスターではないが、自分が生まれるよりずっと前から、舞台に、ドラマに、映画に、昭和・平成の演劇史の一端を担ってきた世代の人に対して、そりゃないだろう、とゾクッとするけど、若者の土足には迷いがない。ベテラン俳優たちは多少投げやりな笑みを浮かべながらも、椅子から形ばかりに立ち上がり、

「えー……役者やってます。最近は、映像はほとんどやってません。春に野田（秀樹）さんのにちょこっと出て、今は○○座のチェーホフの稽古……そのくらいです」

などとそっけない自己紹介をしてくれる。踏んだ場数の多い人ほど言葉少なだ。ばかにするな、というとこだろう。何を尋ねたところで、二、三分で深い話になるはずはないと知りつつも、プロフィールを眺めながら「野田さんとは何度もおやりになってるようですが、何か変わりましたか。それとも――」と水を向けたりする。我ながらいい加減な質問である。いい加減な質問だな、とおそらく相手も思っている。思った上で、監督さんがせっかく会話の糸口を作ってくれてんだから、とそれなりに話を合わせてくれる。

「では、早速ですが事前にお配りした台本のお芝居を……」

と頃合いを見て切り出すと、互いにホッとする。

人によっては会話が弾んでしまうこともある。俳優の中には、とにかく気さくでご陽気なタイプもいるのである。世間話でも妙に愛嬌があると、こっちもつい緊張がほぐれて、思わず人として好きになりそうになる。それも選ばれる役者のテクニックと言えばそうかもしれない。しかしその会話に割り込むでもなく、曖昧に頷きながら、あるいは空を見つめ、黙ってやり過ごしている両脇の役者の寄る辺ない顔が、またいたたまれない。しかし所在なげに空を見ていた隣の役者の方が、実践ではうなるような芝居を見せて、そのまま

役をさらっていくことだって少なくはない。

現に今日本で活躍している人気俳優がもし同じ状況に置かれたら、どんな受け応えをするだろうかと想像するとちょっと面白い。売れっ子たちは小劇場の無名の役者たちと五人ひと組で並べられ、自己PRをしてくださいと言われたら、果たして気の利いたことの一つでも言えるだろうか？　あるいは実践の演技で、やっぱり頭一つ抜きん出るものを見せるのだろうか？　自分の過去の映画に出てくれた人たちの中で例を挙げるならば、オダギリジョーさんや松たか子さんは、何だか全く欲がなさそうで、挨拶の段階で失敗するだろう。阿部サダヲさんも、短期バイトの面接にでも来た学生みたいに見える。

「君ぃ、ほんとはやる気ないんじゃないの？」

「いえいえいえ、ありますありますあります」

ああいう人たちの秘めたる情熱は、ともに一作品を終えるころにならなければわからない。笑福亭鶴瓶さんはオーディションルームに入って来た第一声からスタッフ全員の心を鷲《わし》摑《づか》みにするも、実際にお芝居をやってもらうとまるで台詞を入れてきていないことが判明するタイプ。香川照之さんはのっけのトークから舌鋒鋭く演出家をのしてかかるが、実践で見せるアドリブ過多の是非については、後の審議が長引くタイプ。本木雅弘さんは実践の途中から本人が勝手に自滅し、オーディションどころじゃなくなるだろう。

日本の映画界ではある程度以上の知名度を有する俳優はオーディションには呼ばず、直接指名でオファーするのが不文律になっている。どういう線引きでそうなるのかは知らないが、キャリアによっていわば見えないシード権が存在するのは確か。しかし桐《きり》の箱に入った魚が傷んでいるということもある。過去の映画やドラマで立派な実績があるからといって安心できない。百テイク失敗したって、最終テイクさえなんとかなれば、「名演」という触れ込みにもできるのだ。本人の人間性だって、作品からは判別できない。しかしすでに主役クラスの俳優に「一度会って台本を読んで見せてもらってから決めたい」などと無邪気に口走ったりすると、キャスティングプロデューサーの唇は真紫になる。金になる芸能人には裏社会の興行師がついて守ったということの国の伝統のゆえんか。「うちの〇〇を何だと思ってんだ、東京湾に沈めるぞ」という無言の圧力があるのか、ないのか。

ともかく有名どころのキャスティングは、いわば決めうちの見合い結婚みたいなものだ。作品とのウマが合うかは、イチか、バチか。デートして、食事して、同衾《どうきん》してみて、なんだかちょっと違いますなあ、と確かめ合う方がお互いの幸福のためのような気もするけれど。

いっぽうで、多くの人が名前も知らない俳優たちも直に会って芝居を見せてもらうと、なかなか味わい深いものがある。たった一日のオーディションのために、考えて、考えて、考え抜いて挑んだのだなあ、と思わせる若い俳優を見ると、それがたとえ空回りであったとしても、やはり打たれるものがある。

私の書いたシナリオには、高齢者施設でアルバイトをする、軽度の知的障害のある「阿部くん」という役があった。「軽度の障害がある」と文字で書くのは容易《たやす》いが、それを具体的にはどのように表現するのか。映画ではそこを俳優たちの肉体表現に委ねるのである。体のどの部分をどう動かし、声の調子や発音にどんな特徴を出せば、観ている人がそう理解してくれるのか。我こそは、と応募してくれた若い俳優たちは、それぞれがこれまで学校やバイト先で出会った人たちの記憶を辿ったり、ドキュメンタリーを観て観察したり、あるいは自分自身にも、軽度の病気や障害があったり、似たような行動パターンがあるのだという体験談も交えながら、各々様々な演技を見せてくれたのが、結果的には私にも随分参考になった。

オーディションでは、障害のある阿部くんと、同じ職場でそれを取り巻く健常者のAとBという役柄を、三人の俳優で順番に役を替えながら実践してもらった。考えてみれば随分乱暴な要求である。俳優たちは狙う一つの役のために情報収集をし、気持ちも整えて来るはずなのに、その相手役まで順繰りにやってくれと言われるのだ。さっきまで体を硬直させてぼうっと一点を見つめるだけの芝居をしていた人が、交替後にはものすごい剣幕で同じ役を叱責する役に回る。大抵の場合は助監督などが相手役を請け負うのだが、所詮芝居は素人だ。中にはガチガチに緊張して台詞ひとつまともに言えなくなる助監督もいて、イライラした上司や監督が叱りつけるのを、役者がじっと待つというよくわからない状況に陥ることもある。だから俳優たちには気の毒だが、相手役の「受け」がまともなほうが彼らだってやりやすい。「受け」としての応用力が抜群だったのを見て、予期せず別の役でお願いするはこびになることもある。

それにしても俳優たちは一体どんな心境で演じているのだろう。

子役のオーディションをすると、同じタイミングで部屋に入れられたグループは、全員が示し合わせたようにそっくり同じことをやってしまう場合が多い。一人目が大きな声で芝居をしたら、二人目も三人目も、なぜか判で押したように大声を出す。グループを入れ替えると、今度は一人目が突然泣き真似をし、すると続く子供たちも、なぞるようにメソメソ泣いて見せる暗い一団に様変わりする。これは同調性の強い日本人にだけ見られる連鎖反応なのか、いつか海外のスタッフにも尋ねてみたいことの一つなのだけれど。

大人の場合、子供ほど無邪気に同化することはないが、それでも一番手が見せた芝居が無意識に「初期設定」となってしまうことはある。一人目の「阿部くん」が上げた金切り声が、もし自分の用意してきたプランと似通っていると気づいたら、あるいは自らの考えより「良い」と感じてしまったら、俳優たちの内面ではどんな心理が働くのだろうか。やっぱり少しは模倣を試みたり、あるいは裏をかいて変化球を放ってみたりするのだろうか。それとも私たちの慧眼《けいがん》を信じて、あくまで自分のボールで攻めるのか。オーディションは大抵一球勝負だ。「もう一回やらせてください」が利く場所ではない。しかし何が正解なのか、本当は私たちにもわかってはいないのだ。いろんな個性の俳優に、いろんな演技の種類を見せてもらいながら、台本上では想像もしえなかったアイデアを与えてくれた人に辿り着いてしまうこともある。そしてそれこそが、オーディションの醍醐味だ。

同業者にしかわからない内心の焦りや緊張を互いにビシビシ感じ、ライバルの巧拙を目の当たりにして挫折感と不安にまみれながら、彼らは一つの役を競い合う。そういう戦いの味を知るのは、まだ多くの人に名を知られていない俳優たちだけかもしれない。彼らは眼の中にどこかさびしさを含み、流れに従うこと、ちゃんと見てもらえないこと、長く待たされることにも常にじっと耐え、スタッフにも、他の俳優にも優しい人が多い。

オーディションを勝ち抜いて介護施設のメンバーに決まった若い俳優三人は、公園などに集まって、「君はどうやる」「僕はこうする」と互いの演技プランを共有しながら自主トレに励んでくれていたらしい。本番の日には、こちらが口を挟む隙もないほど三人の息はぴったりに仕上がっていた。「脇」を守る役者の意地を感じた。

十年ほど前に、NHKの企画で太宰治の『駈込み訴え』を朗読劇にしたことがある。『駈込み訴え』はイスカリオテのユダがイエスへの愛を歪《ゆが》めて裏切るまでを一人称語りで書かれた太宰の傑作だが、私はイエスと十二使徒を当世の女子高生のボランティア同好会の設定に置き換え、香川照之さんの朗読に乗せてドラマにした。撮影はイスラエルではなく千葉の海辺の町で三日か四日の強行軍だったが、出演者のうちの一人の俳優のことを私は妙に記憶に残していた。十三人の女の子は、オーディションを重ねて慎重に選んだが、さらにその外枠――確か「男子大学生B」のような決まった台詞もない役どころで、主役の女優の所属事務所から紹介された、特に目立つ顔立ちでもない少年だった。

スタッフは徹夜続きだったが十代の出演者たちには一定の休息時間を設けなければならず、現場はスケジュールをこなすことに喘《あえ》いでいた。少女たちは皆みずみずしく達者だったが十三人もいると元気が余って収拾がつかなくなることもあり、たった一人の助監督が私と彼女らとの間を文字通り駈込み訴えの往復で仕切っていたが、過労と潮風にあてられて、途中で声が潰れてしまった。そばで聞いているだけでこっちの喉まで痛くなるようなかすれ声で、拡声器を使ってもまるで声が通らない。キャメラと助監督の声がいかれたら、撮影はなすすべがない。そんな状況で、波音轟《とどろ》く海岸で撮影だ。お手上げか、と思ったが、前方をよく見ればキャメラからはるか遠い場所に配置された女子高生たちは、不思議と首尾よく芝居をしてくれていた。――その十七歳の少年が、「男子大学生B」の兄貴分的な役どころをうまく使いながら、第二の助監督のように少女たちを仕切ってくれていたのだ。

その後も彼と特別語り合うような時間はないままに終わったが、撮影現場にいることがただ好きで、その童顔の中に、作り手の気持ちを遠くから黙って汲んでいるような大人の佇まいを秘めた少年だった。役者は「見られる」ことを常とする生き物だけど、彼は「見ている」と感じた。「太賀《たいが》くん」といった。このままいい俳優になってくれればいつかまたある、と思っていた。

『身分帳』には、主人公・山川の住むアパートの階下に部屋を借りている「コピーライター の角田龍太郎」というキャラクターが出てくる。過去に殺人を犯して長い懲役から社会に出て来た山川に好奇心丸出しで接近してくる俗物だが、付き合ううちに山川のあまりの逸脱ぶりに恐れをなしてか、小説の途中でぷっつりと姿を消す。

本宅には妻子もおり、世間の塵芥《ちりあくた》も一通りまとったような狡猾《こうかつ》な男として描かれていたが、おそらくは佐木さんの一種の化身でもあり、特殊な人生経験を持つ他人に近づき、言葉たくみにそそのかしながら飯の種にもする「ものかき」という信用ならざる存在への自嘲も込められていたのではないかと思う。しかし角田は手に負えない山川を放り出して無責任に消え去るが、佐木さんのまなざしは「文体」として残り、小説の最後まで主人公とともにある。佐木作品が加害性のある存在をむやみに裁かず、突き放さず、また受け手の忌避感や怒りを煽《あお》るばかりの悪人譚にも終わらないのは、その「腹をくくって付き合う者のまなざし」があるからのようにも思う。それが犯罪とも狂気とも無縁の読者の手を摑んで放さず、リードする。

私はこのキャラクターを書き換えて、映画の軸に置いてみることにした。一億総除菌化のこの時代、きわどい主人公だけをごろりと手渡されても観客は「キャッ」と飛びのいて終わってしまう。それじゃ困る。こっちは億単位の製作費を回収しなくちゃならないんだ。この社会からつまはじきにされた迷惑千万な主人公と、そういう匂いのするものに無視を決め込む世間との間の「通使」として、一人の小説家志望の青年を作った。戦中生まれで八幡製鐵の労働者生活から物書き人生を出発させた佐木さんほどの切実な時代性も理念もなく、つるりとした時代を何となく生きてきて、だけど何となく何かを表現してみたい、という彼の凡庸さこそが、主人公と一般観客との間をつなぐ架橋となるのじゃないか。「角田」の読みは「ツノダ」なのか「カクタ」なのか「カドタ」なのかも亡き佐木さんには確かめることができず、当時の担当編集者にさえ「そんなの何でもいいんじゃないですか」とうっちゃられたが、映画はそういうものじゃない。登場人物の一人一人、端役に至るまで全てを、生きた人間が担うんだ。スタッフが役名を読み違えれば、演じる役者は誇りを傷つけられる。これなら間違いようもなかろうと、青年の名を「津乃田龍太郎《つのだりゅうたろう》」と改めた。「普通の人」を演じられて、悪目立ちせず、それでも物を書こうとする人に必ずあるはずの静的な屈託と、「観察眼」を持つ若者——そうだ、太賀くんは幾つになったかな。その時が来た。

とはいえ映画の主人公を演じるのは実年齢六十三歳の役所広司さんだ。三十路にも乗らない青年が関心を寄せ、相棒を務めるには、少し年が離れすぎて見えはしまいか。一方、私と出会った頃から歳月は経ち、太賀くんは多くの映画やドラマで活躍をするようになっていた。人気者になり、光の当たる場所に置かれ続ければ、生活も心も、否応なく変化を求められる。彼はもはや常に「見られる」側にあり、「見つめる」ことなどなくなってしまったのではないか。

九割方気持ちは決まっていたが、正式にオファーをする前に、「とりあえず、会って話をできませんか」と例のご法度に触れてみた。キャスティングプロデューサーはやや唇を震わせたものの、「過去のご縁もあるのでしょうから」と交渉を試みてくれた。

二〇一八年の年末。太賀くんはマネージャーも伴わず、たった一人で私の仕事場にやって来た。広い部屋のテーブルに一対一で対座するなり、思い出話もそこそこに私は切り出した。脚本に書いた「津乃田」の存在意義はあると思うか。行動理由に違和感はないか。同世代から見て共感はできるか。書き込む必要があるならばどのあたりのポイントか。物を書こうとする人間に見えるには何が必要だと思うか。太賀くんは、それに対して言葉を選びながら、低く落ち着いた声でゆっくりと答えてくれた。難しげな表情で頬を掻《か》き、時に黙りながらも、共感のできるところ。なぜだろう、と感じたところ。まだ「物書き」の役をやったことはないので、自分にも捉えきれていない部分がたくさんあると思いますけれど、でも大丈夫だと思います。大丈夫と言っちゃうと、おこがましいですけれど、でも、僕にはこの人物の存在は、自然に入って来ます。

「本当に？　悪くないですか」

「ええ……というか、悪いわけないじゃないですか」

「あそう？　そうかな〜（デレデレ）」

「……あの、今日は僕は何を」

「ごめんごめん、試したわけじゃないんだよ。話聞いてほしかったんだ。緊張した？」

「ちょっとすいません、一枚脱いでいいですか。汗、びっしょりですわ俺。暑っ！」

脇のデスクで聞くともなく聞いていたプロデューサーが噴き出した。

図らずも私は、すでに甘えていたのだ。普通ならば、シナリオの中身を「どうしたらいいか」などと俳優との顔合わせ時に聞いたりは絶対にしない。それを聞いちゃーおしめーよ、という凝り固まった意地もある。話の筋を立て、感情を書き、人物をしつらえる。そこしか私に請け負えることはないのだから。なのに私としたことが、その顔を見るなり天日干しした布団の中に潜り込んだように、筋肉を弛緩《しかん》させてしまった。一体どうしちゃったんだ。俳優という人種を前にして、これほど自分がガードを低くするとは。……もしかしてお前、「妖怪ひとたらし」だな？


妖怪は私に取り憑《つ》くだけではなかった。撮影に入ってからも、スタッフの多くが足音もなく忍び寄られ搦《から》め捕られていた。俳優が現場に入ると、普通は空気が揺れる。スタッフだけの時とは確実に密度が変わるのだ。その振動が不思議なほどになく、いつの間にか誰かと誰かの間に入ってこっちを見ている。「撮影隊の甥《おい》っ子」とでもいうべきか、まるでオムツの取れない子供のころから、私たちの現場にずっといたかのような。「お、太賀くん、来たね」と、みんな少しだけ目尻を下げる。役所さんもにやり。自分の出番のない日にも埼玉や神奈川のロケ地まで自家用車のハンドルを握ってやって来て、隅から役所さんの芝居を見ていたり、スタッフから機材や技術の話を聞いていたり、佇まいも雰囲気も、擬態する昆虫のように若いスタッフと同化して区別もつかず、助監督が「では次本番」と号令をかけると「うぃーっ」と小気味よい掛け声を返したりしながら。

照明技師の宗賢次郎《そうけんじろう》さんからは休日前には必ず飲みに引っ張られているし、若い役者に対しても敬語を使い、その動きに注文など決してつけないキャメラマンの笠松さんも、

「太賀くん、そこだと顔がフレームから切れるんだ。こっちこれ以上引けないんだよ」

「わかりました。こっちだとどうですか」

「うん、そこならいいよ」

「了解しました」

そういう調子。どうしてこの役者だけがこういうやりとりができる？

俳優を父に持つ人で、十三の時から自らも芝居をし始めた。父親の苗字は借りず、「男子大学生B」のような類いの役も数多く受けてきただろう。脇からキャリアを重ねた安定感の上に、端正だが際立ちすぎない面立ちが市井の人のドラマによく馴染み、広い守備範囲を期待させる。人に優しい性格と静かな気骨はどんな作り手からも信頼されるはずだ。

「名を知られぬ俳優」の、正しい出世。去年になって、やっと父と同じ響きの姓を戻して「仲野《なかの》太賀」と名乗った。

誤解のないように言っておくが、彼に限って、どこの組でも出番のない日にずかずかやって来るようなことはしないはずだ。今回は主人公をみっちり取材して、本に書こうという男の役だから、自分の出番のない日に役所さんがやる場面を見ておくのもいいんじゃな

いか、と私の方から提案したのだ。太賀くんは「そうさせてもらえるとありがたいです」と素直に応じ、時間を見つけては通ってくれた。けれど本音を言えば、そんな仕込みをしなくとも、俳優は自らの想像力と創造力で、いきなりラストシーンからでも役の感情を演じることができる生き物だと私は信じている。単に、居てほしかっただけなのだ。主人公を見つめて、付き合い、ぼんやりと愛するようになる存在が、キャメラのこちら側に在る私たち以外にも。大丈夫ですよ。佐木さんのまなざしの代わりを、僕でよければ引き受けます、という仲野太賀の決意が、日一日と証明されていく感じがして、私は心ならずも、安心させられていた。いや、しかし。あいつのことだ。もしかするとこっちが安心することまでを織り込み済みで、ああしてせっせと通ってくれていたのでは――と思うのは、妖怪に対しておそれをなしすぎというものだろうか。ああ、まだしばらく眠れない。夏の夜《よ》咄《ばなし》でありました。

ENEOS

異邦の人

2020年11月号

一年前の秋、二〇一九年のラグビーW杯で電車内も歓楽街もあらゆる国の人で溢れかえっていたのが、遠い昔の物語のようだ。映画の世界もひっそりと映画祭シーズンが幕を開けたようだが、今年は私の新作も作り主の私を置いて、作品だけが海を渡って行ってしまった。コロナの影響が深刻な国でも、劇場には人を募らず、オンラインで限定的に映画を観てもらえるシステムを取ってくれているという。その国で初めてのお披露目が映画館ではなく、各自のパソコンモニターや携帯の画面だというのだ。〝スクリーンが待っている〟はずだったのになあ……。「どうやら上映したらしい」と遠い噂を聞くばかりで、自分の映画を誰かに観てもらったという実感はまだない。あの子、無事でやってくれているのでしょうか。

そんな中でもコンビニに立ち寄ると、「リュウ」とか「グエン」などという名札をつけた若い外国人留学生が、私の持ち込んだ宅配便の寸法を首尾よく測って日本語で伝票を書いてくれている。帰れないのか、帰らないのか。同じアジアでも国によって感染の拡大状況も政府の対応も異なり、彼らが胸の中に何を思いながらそこにいるかは千差万別だろう。あなたのふるさとは無事ですか、と問いかけてみたい気もするが、長い都会暮らしのせいで、見知らぬ人への声の掛け方を私はすっかり忘れてしまった。

「レジ袋はご利用ですか？」

「え？　あ、あ、はい、あ、いえ」

移りゆく状況に混乱しているのは、私の方だ。

映画に出てもらったインドネシア人の若者たちのことを思い出す。主人公の住む木造アパートの階下の住民の役で、実際に技能実習生として日本に暮らす青年たちに出演をしてもらったのだ。

原作の『身分帳』では、日本人の「新聞の販売拡張団」の男たちが深夜に酒盛りをやって、主人公と衝突するくだりがあった。かつて新聞は「インテリが書いてヤクザが売る」と言われたように、私も上京したてのころは、パンチパーマのおじさんがアパートに訪ねて来て、閉めようとしたドアに洗剤の箱をねじ込まれたっけ。ヤクザまがいの元締めの男の下には、東北から上京した苦学生らが束ねられて、主人公と同じ風呂なしアパートの一階で共同生活をしているという設定で小説は書かれていた。

刑務所を出所したばかりでトラブルを起こすまいと息を潜めて暮らしていた主人公だったが、酒宴のやかましさのうえに、用を足しに下りた共同便所は彼らが汚し放題で血圧が上昇し、たまらず部屋に乗り込むのだ。面白い展開だったが、「新聞拡張団」「東北からの苦学生」「共同便所」という深く昭和の刻印のついた設定を、現代の映画にそのままコピー＆ペーストするのはためらわれた。こちらはこちらで少しでも今の時代を反映できないかと思案する。

結局アイデアも浮かばないまま飲んでふらふら明け方に家に帰ったら、新聞配達のバイクに出くわした。きゃっ、見ないで。――見るわけない。彼らは忙しいんだ。バイクを降りるなり新聞の束を抱えて足早に建物に入って行った青年の横顔は明らかに外国人だった。勧誘員ではないけれど、今や新聞配りは日本の苦学生ではなく、外国の人が担っているのか。普段の私の暮らしの中で深く関わることはほとんどないが、ふと街に目を凝らせば、建設現場で重機を動かしたり、朝夕の駅で作業服にリュックを背負って電車を待つ人の中に、面立ちの様々な人が増えているようにも思った。東京オリンピックのために建設を急いでいた新国立競技場でも、アジアからの技能実習生が欠かせない戦力になっていると聞いていた。「日本の企業で就労して、自国に技術や知識を持ち帰ってもらう国際貢献」というふれこみで日本に招かれたはずの彼らは、現場では建築資材の上げ下ろしなど、ひたすら単純労働のみを強いられているとも言われていた。

二〇一七年当時で、日本に在留する外国人技能実習生は二十五万人を超えていたそうだ。関わる機会がないと思いがちだが、コンビニでおにぎりを売る現場も、そのおにぎりを調理する現場も、調理されるシャケや昆布を加工する現場も、それらを採ってくる現場も、加工機械を組み立てる現場も、お米を育てる現場も、もはや外国人の労働力なしには立ち行かなくなっている。彼らは日本に来るための仲介費用を親に工面させているから、厳しい条件を突きつけられてもそこにいるしかない。言葉にギャップがあって、頼るコミュニティが乏しいのは、昭和の経済成長期に地方の農村から東京に流れ込んだ若者たちと重なる境遇とも言える。ひょっとすると、階下の住民という設定が当てはまるのではないか。

主人公のような立場の人の社会復帰について調べていたころ、刑務所や少年院を出て来た若者を積極採用しているという鳶《とび》職の専門会社を取材したことがあった。そこでは同じ寮に外国人の技能実習生も受け入れていると聞いたのを思い出して、もう一度訪ねてみることにした。

法務省が推進する再犯防止のプログラムに協力して、非行や犯罪に手を染めた過去がある人を就業させているのに加え、長年自宅に引きこもり続けた人や、親と離れて入所していた児童養護施設で問題を起こし、行政が送り込む場所も尽きてしまった少年なども受け入れていた。つまりは「社会のどこにも行き場のない若者たち」。社長自身も十九歳から鳶職人として修業して独立した人だが、若いころから「ハンディキャップや異なる背景を持つ人が同じ空間で生きていく」ということに関心があった。児童養護施設や刑務所に足を運んで「手に職さえつければどこでも必ず生きていく術はある」と話をして、希望者には入社条件もつけず、用意した寮に住まわせた。けれど職人の世界は厳しい。朝は早く、肉体的にはきつく、危険はつきもので、人間関係も荒っぽい。布団や仕事道具を用意してやり直しの機会を作っても、三日ともたずに小遣いを握ったまま姿を消す人も少なくはないという。

人間、どんなにギリギリの瀬戸際に追い詰められていても、当の本人は呆れるほど悠長だったりするものだ。けれど与えられたチャンスに対して「もうこれしかない」と自覚できるのは、その人にまだ余力がある証拠である。追い詰められれば追い詰められるほど、人間は自分に対して甘くなる。自ら進んで、救いようのないぬかるみにずぶずぶと足を踏み入れて行ってしまう。

「うちでは、一ヶ月無遅刻無欠勤で働いたらスマホを持っていいってことにするんですよ。だけど持ってしまうと移動中から休み時間、ずーっとスマホを見るようになる。何見てるかというと、インターネット、SNS。そういう中には『短時間で高収入』『日給五万』なんて文字が飛び交ってる。するとすぐピューーッとそっちへ行っちゃうんです。振り込め詐欺の受け子だったりするんですけど」

鳶の世界がきついからだと社長自身も思っていたという。けれど同じように出所者の受け入れに協力している飲食、IT、美容、清掃の企業でも離職率は高い。

「『本人の我慢が足りない』ってまず言われるけど、でもそうじゃないよなあ、これ、受け入れ態勢変えないと変わらないよなあと思ったんです。まだ十五、十六歳の子たちですもん。生活の安定なくして、仕事なんか続かないですよ。だからもう、ゴミの分別教えるところから」

親から暴力を受けて育ったり、人との信頼関係を築いた経験がなかったり、規則正しい生活を知らなかったり、溢れている情報の善し悪しを見極められない子供たちが多い。寮母さんを雇って生活のケアをしてもらうようにし、精神保健福祉士や社会福祉士、臨床心理士などの専門職も非常勤スタッフとして入れることにした。それに加えて二〇一四年から招き入れたのが、インドネシアからの技能実習生である。三人が日本にやって来て、やはり会社の寮に暮らし、鳶職の現場に通いながら生活しているという。

「面白いんですよ。人間関係ダメ、コミュニケーション苦手、先輩イヤ、って若い日本人の子でも、インドネシアの子と二人だったら楽しんで仕事に行ける、っていう。ほんとこれ、びっくりしますけど」

彼らの暮らす一戸建てには、寮母さんが横須賀市内にある最寄《もよ》り駅からマイカーで連れて行ってくれた。社長も立ち会われるのだろうと思っていたが、その日は北関東の刑務所へ出向いて仮出所予定の人と面談をしているから、何でも好きに話を聞いてください、と伝えられた。大きな船の停まった港の脇を走りながら、まずはハンドルをにぎった寮母さんに尋ねてみれば、六十歳の定年まで仕事をしたけど、家に引きこもるたちでもなし、とハローワークで見つけたのがこの仕事だったと話してくれた。

「最初は朝の二時間、寮のゴミ出しとお掃除、って募集だったから軽い気持ちでね。『施設の出の子』とか『カウンセリングできる方』なんてことも書いてあったけど、よく意味もわからなくて面接に行ったら、明日からその子たちを朝七時に起こしてくれと社長に言われました。少年院出て来たばかりの子が二人いましたけど、まあ、言ったって起きやしないし、わがまま言われたり、『殺すぞ』なんて、凄《すさ》まじかったですけど」

——それまでされていたお仕事は、何か福祉関係とかではなく?

「いえいえ違います。生命保険会社のセールスレディ。二十六年やりました。相手と話をしなきゃ仕事にならなかったから、この仕事でも新しい子が入って来ると、どういうこと考えてんのかな、とか一時間くらい話をしたり」

——それはもうカウンセリングですね。

「今は別の寮母さんと交替で夕食を作るようになりました。やっぱり十五、六の子がさ、朝は顔も洗わないで出て行って、コンビニのプリンとかパンとか駅のベンチで食べたりして、昼も現場近くのコンビニでお弁当買って、夜も疲れて帰って来て食べるものがないって、かわいそうだなと思ったのね。溜まったゴミを見たら近所のマックのばっかり。で、そんなことしてるとお金も貯まんない。音をあげて出て行っちゃった子もいましたよ。だから夜食べるカレーライスくらい作ってあげたいな、って思って社長に切り出したの」

——インドネシアからの実習生の生活のお世話もされているんですか。

「あの子たちはもうしっかりした子たちだから、朝起こすとかもしませんし、生活も食事のことも、全部自分たちでできるんですよ。今年の秋でもう三年になるから、日本語も全然平気。わからないことがあると電話が来るんです。『エアコンが止まりましたけど、どうしましょう』とかね。ちょっと聞きづらいけど、あとはメールで」

私を待っていてくれたのは、アンディくん、サデウオくん、ダナンくん。ちょうどまる三年の実習期間を終えて、帰国の準備をしているところだった。

先に日本で就労した経験のある兄弟や知人から「日本は稼げるよ」と聞いて、十八歳になるのを待って、監理団体を通じて日本にやって来た。インドネシアは熱帯地域だから冬服などは持ってもおらず、ほんの少しの衣類と、辞書と、日本語の教科書だけを持って飛行機で成田に降り立ち、千葉県内にある「トレーニングセンター」に送られて、一ヶ月の研修を受けた。

――荷物はそれだけ？　携帯電話は？

「持ってないす。ルールでダメ」

――携帯がなくて、どうやって家族や友達と連絡を取ってるんですか？

「今は持ってます」

――あ、今は持ってるんですね。日本に着いた直後がダメだった？

「トレーニングセンターにいた時はダメ。一週間に一回休めるじゃないすか。日曜日だけ、使えました」

――それ以外はダメなんですか。

「はいダメです。毎日日本語の勉強するじゃないですか。その日はダメ」

――そのトレーニングセンターでは、日本語以外には何か勉強するんですか。

「なんか色々、生活とか、掃除とか、あと……守る、時間?」

――日本の常識みたいなこと?

「そう、守れ、時間、とか、朝何時起きて何やる、とか。あと、仕事の勉強」

――今やられているのは鳶のお仕事ですよね? 鳶職の教習とかも始まったということですか。

「それはないです」

――まだそのときは鳶のお仕事をするとは思ってなかったの?

「じぇんじぇん思ってないっす(笑)」

「会社行く一週間前くらいに、社長が会いに来ました」

――そこで初めて自分の仕事の種類を知ったということ?

「そうです」

――日本に来る前に「建設関係に」、という希望とか、そういうことはあった?

「ないです」

――そのトレーニングセンター出てからは、どうなったんですか?

「タマカケの免許を取りました」

——タマ……。

「クレンノタマカケ！」

——？？？（混乱）

寮母「玉掛け。講習受ければいいみたいね。鳶の人は必ずみんな取るんだよね。入ってすぐ」

——私、知らない言葉ですが……。

「クレーン知ってます？（教習所での写真を見せてくれる。作業服の彼らが作業用クレーンのフックに、ワイヤーで荷物を固定している）」

——ああー、こういう作業？　わかった！「ＩＨＩ技術教習所」……私もフォークリフトの免許を取りに行きました。

寮母「みんなまだ坊主頭ねえ」

——坊主頭？　なんで？

「それも監理団体のルール。出発前は」

——ええーっ、何それ！（今は三人とも、サイドを刈り上げたおしゃれなヘアスタイル）

　鳶の仕事の内容は教則ビデオで見ただけで、ひとまず玉掛け作業の技能資格を取り、迎えに来た社長と横須賀の寮にやって来た。トレーニングセンターで一人五万円ほどの生活資金を渡されたが、必要な日用品は近所のスーパーなどで会社が買い揃えてくれ、二、三日経つと早朝に起きて、社長に電車で現場へ連れて行かれた。今よりもずっと日本語は不確かだったし、現場の物や道具の名前も全く理解できない。インドネシアで建築の勉強をしていたわけでもなければ肉体労働をした経験もなく、高所も怖い。

——いきなり登らされるんですか？　だんだん慣らしていくの？

「だんだん」

——半年くらい経つと怖いと思わなくなるんですか？

「まだ思う」

「初めての現場はむちゃ高い（と感じる）。それは怖いですね。でもいつも行ってるところは、それは大丈夫」

——社長さんも一緒にずっと夕方まで一緒に働くんですか？

「そうです。仕事が終わったら、みんなでまた電車で帰って来る」

——何時くらいにお仕事は終わるんですか。

「現場は五時とか六時まで」

——遠い時は、東京の方とかまで？

「東京とか、埼玉とか、千葉とか」

——それ……現場に向かうだけで二時間くらいかかるでしょう？

「はい。そういうのもあります」

——じゃあ、夕方五時に終わっても、帰って来たら七時とか八時とかになっちゃうの？

「はい」

――お腹空《す》かせたまま？

「（笑）」

寮母「自炊だもんね。朝起きたら、お弁当も作るんだよね。四時とか四時半に起きて」

台所には真っ赤な唐辛子の入ったインドネシア風のすり鉢と見知らぬスパイスの瓶、調理途中と思われる鍋がガスレンジにのっていた。一口だけつまみ食いさせてもらったら、めちゃ辛い。そして旨《うま》い！　夕食も毎日自炊で、現場は三人別々のことも多くなったが、食事だけは一緒に取るのだという。

――外食はしないんですか？

「がいしょく？　……なんでしたっけ？」

――あ、外食は、外のレストランとかで食べること。

「あまり、しないす（笑）」

――ラーメン屋さんに行ったりしない？

寮母「スープがダメだもんね。えっと、何肉？　豚肉？」

――ああ、イスラム教だから。

「イスラム教です（家の中の一番小さな空室は、礼拝室として確保されていた）」

――そうですよね。豚骨スープがね。じゃあ、とんかつも食べないし……。

寮母「鶏だけだっけ」

「牛肉は大丈夫っす」

——今まで外でご飯食べたことは？

「あります。すき家とか、それは牛肉じゃないですか」

——ああ、牛丼屋！


休みは週に日曜日だけで、たいていは寝て過ごすという。家族とはスカイプやＬＩＮＥの無料通話やメッセージで頻繁にやり取りするが、三人とも恋人はまだいないと言った。

立ち入った質問だが、と断って、収入について尋ねてみたら、健康保険や税金、光熱費を含む寮費を差し引かれて、銀行口座に振り込まれる手取りは十万から十五万円ほどだという。妹を学校に通わせたり、実家の暮らしを支えるために、毎月そのうち五万円くらいは仕送りをするというが……

——五万円。インドネシアの物価は日本よりだいぶん安いですか。

「安いは安いです」

——貯金は出来てるんですか。

「少し」

——正直に言って、思ったよりも稼げていますか？　それとも稼げていない？　……すみません、寮母さん。

寮母「いいえ」

――友達に聞いていたほどは稼げていない？

「そうです」

――こっちでの生活もしていかなきゃいけませんもんね。

「そうです、生活……（笑）」

――日本に来て、良かったと思っていますか。

「……思います」

――ほんと？　気を遣わなくていいですよ。

「ははははは（笑）」

――ほんと？　どういうところが？

「有名なところへ行ける。東京タワーとか」

「ディズニーランドとか」

「東京スカイツリーとか」

――三人で行くの？

「時々行きました」

スカイツリーに上って、三人で見下ろす東京はどんな風に見えているのだろう。

「あと、日本人の生活、綺麗なところとか……日本、めっちゃ綺麗すね」

――綺麗？　どんなところが？

「道とか街とか」

――あーそう、そうですか？

「あと、日本人は、いつも守るじゃないですか。（列に）並ぶとか」

――そうね……そういうのは守る方ですよね。そうかそうか、なるほど……。

街や道がゴミも少なく清潔に保たれ、綺麗なところ。ルールや約束を守り、列に並んで待つところ。そこが日本の良いところ。私たちの長所って、そういうところ。朝から晩まで緊張感の尽きない現場で働いて、十分とは言えない仕送りを続けながら質素な生活をする彼らの毎日に、そんな「日本の良いところ」が埋め合わせをできているのだろうか、とぼんやり思う。


――日本に来て、困ったことは何ですか。

「いっぱいあります。最初は日本語」

「あと行き方です。電車の乗り換え。最初は地図もらう。今は携帯見て行きます」

――他にも嫌だったことはありますか？

「……（笑）」

寮母「いっぱいあるよね。寮に悪い子いたもんね。少年院から来た子にね。お金貯めてたのに、盗《と》られたんだよね」

――本当？

「本当です」

寮母「その子たちはそれでまた少年院戻っちゃったんだけど。……かわいそうだった。瓶に一生懸命お金を貯めてたのに、それごと盗られちゃった。言わないのよ、この子たちそれを。何かのきっかけでわかって、社長がいくらか出してくれてたけど」

――最初はどう思っていたんですか。過去に悪いことをした子たちも一緒に会社の寮に入っていますよね。

「それより前は、知らなかったです。いつも良い（と）考えます。日本人は、良い。（と）考えてたから、貯金するときも、じぇんじぇん悪いこと（が起こるとは）考えずに……」

――盗られるとは思わないですよね。やっぱりショックでした？

「嫌だー、みたいして。日本人、一緒に暮らすの、怖い」

寮母「その後、寮を分けたんだよね。ちょっとあの頃、悪かったね、あの子たち。今はそんなことないんだけど……」

――喧嘩になったりしたことはあります？

「それはあります」

「あと、物をとるときも、言わない、それ」

――「とる」ってのは盗むってこと？　言い合いになったことはありますか？　日本人と。

「私はあります。だから俺――」

三人の中で最も寡黙だったアンディくんが、突然、まくし立てた。高ぶると私には言葉が捉えづらくなったが、どうやら寮の階下の部屋にいた日本人が、彼の物を黙って部屋から持ち出して使ってはそのままにしている。物がなくなったことに気づいて下に降りて捜すと見つかるものだから、文句を言うと「なぜダメなんだ？」と言い返される。ダメとは言わないが、人の物を持って行って使うのならそう言ってもらわないと困るじゃないですか。そんなことが何度もあって、それが一番嫌だった——と、要約すればそんな意味の訴えだったと思う。終始穏やかだった表情がその時だけ引きつった。生育環境の影響もあって基本的な生活マナーやモラルが身につかずに育った若者と暮らすのは、仕事とは別の過酷さを強いられたはずで、腹に据えかねたことも、不自由な言葉でどれだけ飲み込んだかしれない。

——現場で辛かったことはどうですか。

寮母「いっぱいあるよね」

「あります（笑）」

寮母「帰るに帰れないしね。遠いからね。三年間いなきゃいけないし。日本人の子だったら嫌ならさっと帰って行けるけど。で、冬はすごい寒いんだよね。この人たち冬がない国だから。だからよく震えてたよね。駅で何人かで待ってんだけど、震えてんの。五時台じゃ寒かったよね、真冬」

——高いとこ上がらなきゃだしねえ。

「そうです（笑）」

——日本人の先輩にもたくさん怒られた？

「日本語の学校で勉強してたじゃないですか。そこの日本語と、現場の日本語は全然違います。例えば、『あれ持ってこい！』……それは全然最初わかんない。学校の日本語は『あれを持って来てください』、『こっちへ来なさい』。それはわかります」

――そうね、現場の言葉は荒っぽいからね。教科書には書いてないでしょう。

「『俺』とか『お前』とか（笑）知らなかった」

――どんどん覚えていったでしょう。「てめえこの野郎！」とかだもんね。

「もうわかりました（笑）」

帰国後はどうするのかを尋ねたら、特に就職先が確保されていることもなく、ゼロから職探しをするのだという。建設業につくかも未定。「日本系の工場などに勤務をすれば、日本語がわかるので有利ではないかと思う」というのがサデウオくんの見込みである。けれど「本当は、日本で三年間働いて仕事を覚えたら、帰国して会社を興して社長になりたかった」とダナンくんは言った。

――そうですよね。でも、今帰国して、会社を自分で興せますか。

「まだ……できないです」

他の二人も、夢は同じだという。事業を起こして、地元の従業員を雇えるような仕事をするつもりでいた。しかし日本での三年間で身につけたのは、経営学ではない。

――また日本に来たいとは思いますか？

「思います！」

「思います！」

——本当に？

「本当は早く戻りたい（日本に）」

——早く戻りたい？　どうしてですか。

「もう、楽しい」

「仕事もできるし」

「早ければ、来年の四月」

　技能実習の期間満了は従来三年間のきまりだったが、日本は震災以来の復興事業や五輪のための建設ラッシュのため、制度が改正されて追加で二年の実習が可能になった。彼らも一年以内に再来日する予定であるという。

「またお金も貯めたいですし」

——そうですよね。でも皆さんは若いのに無駄遣いもせず暮らして……欲しいものとかないんですか。

「いっぱいあります」

——どんなものが欲しい？

寮母「彼女です、って言いな」

「それ、一番欲しい」

「何でも聞いて」と社長が明け渡すくらいだから、取材した会社は技能実習生への待遇も環境も平均からすればかなり良い方だろうと思う。けれどあらゆる困難を静かな笑顔の下に閉じ込めて生きている彼らの柔和さに、私は胸がつまる思いがして、会話の楽しさとは裏腹に、その場から逃げたいような気持ちにもなっていた。彼らに比べれば、自分は何ひとつ持ちこたえていないような気がした。

結局映画の方は階下の住人を彼らにならって建設業の技能実習生が三人で暮らしているということにした。演じてくれる外国人俳優のキャスティングを試みたけれど、ざっと情報を集めてもらうと、日本国内で芸能活動をするインドネシア人の層は薄く、モデルや別の国のハーフタレントをそれらしく見立てるくらいしか手段が見つからず、私が出会ったあの三人のイメージとは大きくかけ離れていた。

「こういうんじゃないんだよなあ……」

東京都心にそびえ立つ、完全無欠のビルディングがまだむき出しの骨格だけだったとき、その高所吹きすさぶ風に耐えた、あの三人の綺麗な黒い目が、どうしても忘れられなかった。事情が変わっていなければ、彼らは追加の二年の実習で、また日本にいるはずだ。ダメでもともと、と思いながら二年ぶりに社長に電話をしてみた。すると妙な音の呼び出し音だったので、遠距離だと思って思わず切ると、すぐに折り返しかかってきた。

「うわー西川さん、偶然ですねえ！　今、インドネシアに来てるんですよ。今こっちは建設ラッシュだから、ジャカルタに鳶の会社を作ろうと思ってるんです。今度実習期間が終わったら、彼らに経営をやってもらおうと思って。——え、映画に出したい？　もちろんOKですよ。最高じゃないですか。言っときます！」

長い電話にはならなかった。

二〇一九年の秋に彼らは撮影現場にやって来て、私たちの映画に二日間ほど出演してくれた。待ち時間が随分長いのに驚いたろうが、「大丈夫？」「寒くない？」と尋ねても、「大丈夫です」と笑顔で答えることしかなかった。その後新年を迎えて彼らはついに延長の二年間の実習も終え、日本を発《た》つことになった。今度こそ、本当に帰るのだ。コロナのこともあって難しいかもしれませんけど、もしよかったら送別会に来てやってくれませんかと春先に社長から連絡があり、再び横須賀に出向いてみた。

市内のカニ料理店の広間で、社長は気持ちよく酔いも回っており、会社の後援者らしきスーツの年配者たちも列席した中、たくさん増えたインドネシア人の後輩に囲まれた三人の姿があった。数人、若い日本人も参加していたが、上座の席につかされた三人とは随分離れて座っていた。現場で鍛えたらしい頼もしい体格で、目元の鋭い若者だった。

後輩の実習生一人一人がマイクを握って、まだおぼつかない日本語で卒業生らにメッセージを述べた後、いよいよ三人がマイクを持って、一緒に過ごした仲間や、仕事を教えてくれた先輩への謝辞を述べ始めた。「ありがとうございました」や「おせわになりました」という言葉と並んで、「もし嫌な気持ちにさせたことがあったら、ごめんなさい」というフレーズが、決まり文句のように後輩からも、本人たちからも、何度か聞こえた。インドネシアの別れの場面には、そういう言い回しがあるのだろうか。それとも彼らの人柄ゆえの口癖か。思いやり深い言葉だと思った。

サデウオくんにマイクが回って来たが、唐突に感極まって、言葉が震えた。すると釣られるように、突然会場の隅から奇妙な高い声が上がった。それが人の泣き声であるとは、私には一瞬わからなかった。それくらい、聞いたこともないような激しい声だった。振り返ればその主は、先の日本の若者だった。若者は三人の先輩にあたり、現場の仕事も一からさまざま教えたらしい。いつも微笑みを絶やすことのなかったサデウオくんは、顔を押さえ、すっかり喋れなくなった。広い部屋の端と端で、立派な体格をした男ふたりが、しゃくり上げた。

親兄弟が別れるときでさえ、こうは泣かない。私たちが撮影を乗り越えて作品を終えるときのような、朗らかで清々しい別れとも、全く次元が違った。一緒に山を登りきった仲間との万感の涙というよりも、後悔や、抑え込んできた忍耐の爆発のようにも見えた。彼らの間には、まず最初に絶望的な深い溝から始まって、不自由なコミュニケーションへの苛立《いらだ》ち、命を危険にさらす緊張、容易には水に流しえない感情のぶつかりが繰り返され、その先にあるこの日なのだろう。その上で、彼らは今、こんなにも別れることが悲しいのだ。圧倒されてしまって、カニなど全く手がつけられなかった。

会をお暇する前に、サデウオくんとダナンくんは恋人の写真を見せてくれた。二人とも、私が取材をした後インドネシアに一時帰国した折に出会いがあったのだそうで、今度は帰国後すぐに結婚する予定だそうだ。「順調じゃないかー」とひやかすと、嬉しそうにはにかんだ。そのころインドネシアの感染者数はごくわずかだった。日本に比べてまだ安全な地域に戻って行くような印象があったが、人口二億七千万人の国内で、その後は爆発的な感染拡大に変わり、半年足らずで死者が一万人を超えた。やっと年季が明けて、晴れて母国で新しい家族も持って、というときに、彼らの前途もまた塞《ふさ》がれてしまったのだろうか。

私の映画がカナダのトロント国際映画祭で世界で最初の上映をしたというニュースを目にした社長が、おめでとう！　と電話をくれた。インドネシアでも映画をやらないの？　こんな中だけど、彼らは元気にジャカルタで鳶の会社を始めたよ。結婚した二人には、もうすぐ赤ちゃんが生まれるのだそうだ。じきに彼らが手がけたビルも建つだろう。世界は隔てられ、前より遠くなった気もするが、そんな下でも少しずつ、新しいものが生まれ、変わっている。考えてみれば私はインドネシアに一度も行ったことがない。高い足場から見る母国の街の眺めは、どんなものなのか。いつかどこかでもう一度三人に話を聞ける日を待つことにする。

2020年12月号

花

俳優の八千草薫《やちぐさかおる》さんが亡くなって、一年になる。

二〇〇八年、『ディア・ドクター』という作品に出演してもらった。山間《やまあい》にある過疎の村に住む「かづ子」という名の未亡人の役だった。三人の娘はそれぞれ家庭を持ったり都会に出て独立し、かづ子は田畑に囲まれた静かな家でたった一人、老境を迎えている。いっぽう、かつて無医村であったその村には数年前から気のいい一人の中年医師が赴任して村民から信頼を寄せられていたが、実のところ彼は医師免許を持たない、いわゆる「偽医者」であった。小さな診療所で行われる医療は初期的な検査や高齢者の保存的治療がほとんどで、高度な技術を求められる手術などは手がけないが、そのかわり人々のあらゆる「不調」に二十四時間態勢で付き合わされる。山の奥地にひっそりと建つ家々の高齢者を訪ね、延々と終わらない不定愁訴の話し相手、時には家畜の病気、夜間に産気づいた妊婦の救急搬送までその手に委ねられてしまう。もともとがホンモノでないのだから、何を頼まれても「できない」「やらない」とは言い出せず、求められるままに応じてしまう。偽物とはいえ、人の命にかかわることだから、専門書をめくりながら、偽物なりに必死で対応する。そのどさくさの態度がまた、システマチックな都市型医療からは得られない「神性」を帯びて村民を惹《ひ》きつけていた。

そんな狭い村の薬局で、兼ねてからかづ子が市販の胃腸薬を求めているという噂があった。しかし誰もが気軽に集う診療所に、彼女だけはなぜか近づく気配がない。古くから診療所で働く看護師は心配していたが、かづ子の末娘は東京の大学病院で働く現役医師だという。偽医者としては下手に近づいて虎の尾を踏みたくない。誰にも言えない医師の秘密とかづ子の秘密が物語の中で交差し、静かな村の片隅で共犯関係を結んでいくことになる。

人が死を覚悟したときに、必要な「医」とは何だろうか。脚本執筆当時三十代前半だった私に、それが我が事として実感できていたはずはないだろう。今もまだそう。結局人間、その時になってみなくては、何を望むかはわからない。けれど七十六歳の私の母は、「将来子供に看取《みと》らせることの苦痛」を予感して、いつも未来を悲観的に語る。今はまだ元気だし、「心配しなくても、適度に人に任せるよ」と私は軽くいなしているが、誰にも甘えず、義父母を看取った昭和の嫁が自ら行き着いた実感なのだ。「バカなこと言っちゃいけないよ」と一蹴できるほど軽くはない。なかなか死ねないことへの憂鬱がこの国に生きる高齢者に紛れもなく存在していることは、地域医療を取材する過程でも実感させられていた。「先生、もういいから、早く逝きたいよ」と、幾人ものおじいさんやおばあさんがもはや自由にならない体で床についたまま、つぶやくのを聞いた。それが長寿の行き着く充足と捉えるべきか、悲嘆と捉えるべきか、私には判断しかねたし、人の命を取り扱う正真正銘の有資格者である医療者たちも、「うーん……」と、否定か肯定か曖昧な返事でやり過ごすしかなかった。

そんな、正解の見えないテーマを扱うために、世間から取り残されたような田園風景の中で、ちいさな野花のように生きる老いた女性を描こうとしたときに、浮かんだのが八千草薫さんだった。

かづ子が医療を頼るまいとするのは、それが否応無く「生」を強要するものだという恐れからである。死に逆らって自分の生をむやみに引き延ばそうとすれば、自身の生活環境も、周りの人間の人生も変えてしまう。偽医者とかづ子は、「病と闘え！」とも「治してください！」ともわめかない。ただ、命のあるがままに、残りの生を過ごすことを認めてくれる偽医者を、「ニセモノ」とは知らないまでも、かづ子は信用することに決めた。人に言えない秘密を抱えた者同士が互いの孤独にすべもなく寄り添いながら、共犯関係を結ぶこの関係は、年齢や性別を超えた友愛の物語でもあった。

八千草さんしかいないと思った。八千草さんは綺麗だけれど、ちゃんと齢《とし》をとっている、と私は思っていたからだ。

昔の主演格の女優は、骨格といい、雰囲気といい、桁外れな美形が多い。八千草さんだってそうだ。どこにでもいる中流の主婦を演じつつも、桁外れの気品と、画面全体をまろやかにベールで覆うような甘い美しさが「こんな人が母だったらな」「妻だったらな」「浮気相手だったらな」と長く老若男女を魅了してきた。けれど超ド級の美人女優の多くは、加齢とともに「桁外れ」でなくなることを極度に恐れているようにも見える。切ったり吊ったり膨らませたりして（生前の樹木希林さんがしょっちゅう実名を挙げて悪口を言っていたが）老いを排除し、確かに未《いま》だ「桁外れ」なんだろうけれど、映画の中で市井の高齢者を演じてもらおうと思ったとき、私たちは躊躇《ちゅうちょ》する。もはやその造形は「齢をとった美人女優」以外の何者にも見えないからだ。かづ子は、野良着を着て畦道《あぜみち》を歩いても違和感のない「田舎のおばあちゃん」でなければならなかった。間違っても、偽医者とかづ子の間に本当の「お医者さんごっこ」が始まってもらっては困るのだ。ほしいのは、絶対にそれ以上近づかないと互いに知っている純愛。

八千草さんの、女としての絶妙な「枯れ」と、道に迷っていても、泣かずに佇んでいる子供のような凛《りん》とした強さが、必要だった。

当時、おしどり夫婦として有名だった夫の谷口千吉監督を亡くされてまだ一年も経っていなかった。お子さんがおらず、一人になられていた。かけがえのない夫の存在をどのような思いで見送られたのかについて、私には尋ねる勇気がなかった。最愛の夫なのだから、どんな形でもいいからずっと生きてほしい、何でも手を尽くして、いつまでもそばで看ていたい、と思われていたかもしれない。けれど私が八千草さんに託した役は、「病に対して何もしたくない」ときっぱりと言い切る役だった。住処を変えたり、家族の生活を変えさせたりするのは望まないから、生命の摂理に反さず、静かにこのまま死を受け入れていく方法はないものか、と模索するかづ子の哲学と、谷口監督を送られたばかりの八千草さん自身の哲学は異なっていたかもしれない。異なっていても、似通っていたとしても、何れにしても夫の死を思い返さざるを得ない辛い役どころではなかったか。

けれど役を引き受けてくれた八千草さんは、脚本についても「やっぱりこういうことって、色々考えちゃいますよね」と、控えめに一言あっただけで、生死について自分はこう考える、夫の時はどうだった、などと自分語りをすることは一切なく、あとはただもう静かに、居住まいを正して、現場に座っていた。偽医者を演じたのは笑福亭鶴瓶さんだが、鶴瓶さんが大きな声で現場に入ってきて、スタッフや見物人や、共演者らに声をかけてはあちこちで笑い声が弾けるのを、ロケセットの片隅から微笑んで見つめていた。すでに年齢は七十七歳だったが、台詞を間違えることなど一度もなかったし、全ての動きや表情に、役の心情が行き渡り、八千草さんのために何かを待ったり、停滞したりする間はいっときもなかった。月に何十もの映画を量産するプログラムピクチャーの時代をチームプレーで乗り切り、テレビドラマの黄金期に、一言一句の変更も許さない鬼才の脚本家たちの作品を担ってきた人に備わった、確実な技術と誇り。何度やっても全ての動き、台詞の音程や間にブレがなく、監督である私の注文には、疑問符もつけずに静かに耳を傾けてくれた。

立ち位置についた八千草さんの佇まいをファインダー越しに見ただけで、私は涙が出た。キャメラが回る前から、全てが仕上がっている。プロって本当に美しいんだ。

一度だけ、ロケ地の近隣の方が炊き出してくれた夕食の列で八千草さんと前後になったことがあった。

「先生、お先にどうぞ」

私は息を呑んだ。先生――。先を譲り返す言葉も出てこないほどギクリとした。私の後ろにいた鶴瓶さんも耳をそばだてた。

「八千草さん……『先生』はちょっと……」

「あ、そうだった……今はそうは言わないのよって、何度も人に叱られてるのに、つい癖でね。昔は『監督』って呼んでいいのはスタッフの人たちで、わたしたちはもう、必ず『先生』でしたから」

「谷口監督のことも、やっぱり最初は『先生』とお呼びになっていたんですか」

「そうですねえ……」

「結婚されてから、家では別の呼び方にしはったんですか」と鶴瓶さん。

「……どうしようかと思ったんですけど……やっぱりどうしても『先生』って（にっこり）」

「ターマーラーンーーー（二人してトレーを持ったまま仰《の》け反る）」

小さな野の花のような思い出を胸に咲かせたまま、十年以上が過ぎた。

八千草さんはその後もたくさんの映画やドラマに出演されていたが、二〇一九年のはじめに、すい臓がんの闘病を理由に倉本聰さんのドラマの仕事を降りられたという報道があった。

私はちょうど、母親を探す主人公の話を書いていた。私生児として主人公を授かったが、四歳ごろに施設に預けたまま、母は姿を消してしまった。以後、天涯孤独の孤児として、社会の暗いところばかりで生きしのいできたが、幼いころのわずかな甘い記憶は主人公の中で膨れ上がり、自らを捨てたその女性を恨むでもなく、一目でも会ってみたいと思慕を募らせている。生きていれば八十代ではないか。

原案の小説『身分帳』では、主人公が母を探しに故郷の福岡市内をあちこち訪ねるも、結局手がかりも見つからずに東京の住まいに帰るしかなくなる。作者の佐木隆三さんは、根拠もないメロドラマなどは書かない人だ、と担当の編集者からは聞かされていた。物語のための物語的な仕掛けを都合よく作ることはせず、肩すかしな現実は肩すかしなまま、辛抱強く微細な記録が書き込まれていく中に、吹きっさらしの現実の厳しさと、佐木さんの文学の味わいが煮詰められていく。

けれど私は「この人が、母ならいいのに」と思う女性に映画の主人公・三上正夫が出会う場面を作ることにした。その高齢の女性の面立ちを見た瞬間、三上と観客の心にかかっていた雲間から陽の光が差し込むような。映画として、小説よりも明快な展開をつけたかったとも言えるし、同時に、主人公の母への妄執にいい加減、ピリオドを打たせる意図もあった。小説の主人公は自分の人生のやり直しにつまずくごとに、あったはずの「母の愛」を夢想して自らを慰め、過去やルーツばかりを振り返ろうとする。会って確かめる機会のない母の愛は、そうして頭の中でますます純化され、神格化され、宗教のように主人公を虜《とりこ》にしている。親に捨てられた人、親のわからない人の心理には、実際そういう悲しい執着があるものかもしれない。けれど私は正直うんざりしていた。平気で人に暴言を吐いたり無茶をやって自暴自棄に生きてるくせに、いつまでも母にまつわる俳句を書いたり詠んだりしながらセンチメンタルな情緒に浸っている。そういう主人公に対して、昭和の九州男児である佐木さんもとことん甘く、乳離れさせる気がないと見える。だから全然前に進まない。全く二人していつまでも「母ちゃん母ちゃん」と。だからお前たちはダメなんだ。居もしない母ちゃんより、自分の人生だろ。私が介錯《かいしやく》をしてやるから、次へ進めよ。

「母ならいいのに」――八千草さんが良いと思った。けれど病気の知らせを聞いてブレーキがかかり、お見舞いの手紙だけ送らせてもらった。映画の話はしなかった。すると数ヶ月後、マネージャーさんから「病院の先生も驚くほどの回復力で、実は先日は北海道の富良野に遊びに行きました」とお便りが来たのだ。二〇一九年の初夏だった。秋頃からは仕事を再開したいねとご本人と話しているが、夏をどう乗り切れるかによるだろうと。すい臓がん、という厄介な病名を聞いていたから、すごいことだと驚いた。

私は、勇気を出して脚本を送ってみた。撮影は秋です。涼しくなってます。出番は一日のみです。走らせたり、炎天下に立たせたりするお芝居じゃありません。主役は役所広司さんです。もし、その時元気に持ち直しておられれば、ご参加いただけないでしょうか。

八千草さんは脚本を読んでくれて、「やってみたいわ。博多弁の役をやったことがないから、ちゃんと雰囲気を出せればいいけれど」と意欲的だと知らせが入った。やった。もう一度、八千草さんに演じてもらえる。興奮した。嬉しかった。八千草さんはまだまだ仕事への意欲は充分のようだ。谷口監督と二人で、登山や山歩きを趣味にしていたから、小柄のわりに丈夫なのだとご自分でも言っておられた。可憐《かれん》なようで、根っこが強いのだ。役所さんも自身の監督作『ガマの油』で八千草さんをキャスティングしておられたから、きっと喜ばれるに違いない。

それから私たちは本格的な準備に入り、猛暑のさなかにロケ地を探し、オーディションを重ねて俳優を決め、美術の打ち合わせを重ね、アクションの仕掛けを考え、少しずつ、クランクインを迎える態勢を整えて行った。毎日やることは百も二百もあり、もっと準備期間が長ければいいのに、と思う傍らで、八千草さんの体調が心配だった。六月に富良野に遊びに行かれたときと同じように、元気でいてくれるだろうか。上向くかと思いきや、暑くなってからやはり少し体調を崩して、大事を取って数日入院したということも耳に入った。あくまでも「大事を取って」だ、と私は自分に言い聞かせながら、早く始まってくれ、と気持ちが逸っていた。

九月末。

「実はあんまり良くないんです。だけど本人はやる気でいるんです。十月には撮影なんだから、もっと元気になって、体力を回復させなくっちゃいけないって。だけど正直、私としては、ひと月後の撮影当日に現場へ行って、スタッフの皆さんに迷惑かけずにお芝居できますというお約束が今、できない」

と、マネージャーのHさんから連絡が入った。

マネージャーとしては、早く進退をはっきりしなければ、制作に支障が出ると心配をしている。けれど「じゃあ、今回はなかったことにしましょう。お気兼ねなく療養してください」と私たちが素直に手を引くことが、八千草さんの気持ちにどう影響するのか。

「無理強いしたいわけではないんです。だけどHさん、八千草さんがこの仕事、楽しみにされてるってのは、本当のお話なんですか」

「ええ。ずっと言うんです。最後の仕事はやっぱり『映画』にしたい、って」

「それならギリギリまで待ちます。当日判断でもいい態勢を工夫しますから」

思わず答えてしまった。

衣装合わせも、会社に来てもらう必要はない。衣装を八千草さんの自宅に運び込んででもやらせてもらえばいい。演技はぶっつけ本番でいい。だけどもしも撮影前日に、とてもこの体調じゃ現場に行けない、ということになれば——私は、かなり掟破《おきて》りな奇策を提案した。

八千草さんがどうしても無理、と当日判断になった場合にのみ、登場するピンチヒッターの俳優を探せないか、とプロデューサーに頼んだ。

「わかりますけど……誰にそれを頼むんでしょう」

「まったく、白紙です」

「八千草さんが無事に出てこられたら、その人はどうなるんですか」

「申し訳ないけれど……出番はなくなります。別のシーンで別の小さい役で登場、ということくらいしか考えられません」

「……むむむむ」

人でなし、と白い目を向けられている気がした。私は視線をそらした。

物語の鍵を握る「主人公の母」の役から、通行人程度の「チョイ役」へ当日変更？　十代か二十代前半の、まだ役者の卵の世代なら「ごめん！　ツケといて！」で、またの機会に借りを返す、というのもありだろうが、それを八十代の俳優に背負わせるか。そもそも年齢的には引退したり体調不良で絶対数の少ない年齢層なのに。人を馬鹿にするのもいい加減にしろよ、と、それこそ憤死させてしまいそう。

けれど八千草さんと同等のキャリアの別の俳優を、という意図は私にはなかった。どんな立派な女優さんでも、代わりになる人なんていないんだ。他の個性はいらない。それを受け入れてしまえば、自分にとっての八千草さんという人は何だったんだ、という気持ちになる。呼ぶなら私がこれまでスクリーンで一度も観たことのない、何の記憶もない人が良い、と注文した。キャスティングプロデューサーの田端利江《たばたとしえ》さんが、真っ白い顔をして俳優の資料を持ってきた。

「ここにあるのは、皆さん、その事情を飲んでくださるという奇特な方々の資料です」

「――はい、心して」

うやうやしく頭を下げて資料をめくったが、やはり八十代の現役俳優の数は少なかった。舞台で老け役などもこなしている役幅の広い六十代の人に頼む、という選択肢も提示されたが、役所さんの実年齢が六十四歳だ。メイクをしたってかつらをかぶせたって、さすがに同年代の女性に母親役をやってもらうのでは、違和感が拭えないだろう。

「技術でやってくれる人じゃない方がいいです。八千草さんと比較しちゃうから」

〝八千草薫と役所広司〟だったからこそだったのだ。日本の演技者の最高峰の邂逅。そうでなければ、もう、ゼロなのだ。


「じゃあ、この方……そういう意味では、ほぼゼロなんですが」

と差し出されたのが小池澄子《こいけすみこ》さんという八十七歳のシニアモデルだった。……「シニアモデル」？

「どういうものに出てらっしゃるんです？」

「雑誌とか、何かのパンフレットみたいなものだとか……」

「動くお仕事は？」

「CM、ご覧になりますか」

テレビで観たことのあるCM映像が流れた。女優の顔ではなかった。実におばあちゃんらしい、おばあちゃんにしかない顔のシミや皺《しわ》と笑顔。

「とてもいい笑顔ですね」

「台詞は一言も言ってませんが」

「……」

いいんじゃないでしょうか。お願いできるなら——と私は、逃げるようにその場を切り上げた気がする。小池さんの笑顔は胸に迫るものがあったけど、多分それ以上現実的に考えるのが嫌だったのだ。八千草さんは来る。八千草さんが演《や》る。それは、崩れないんだ。悪魔は弱気につけこむのだ。そういうそぶりを見せちゃいけない。


とにかく一度でいいから、八千草さんの顔を見に行こうと思った。体調のいい日に、成城にあるというお家にお邪魔したいと申し出たら、八千草さんはわざわざ美容院の予約をされたそうだった。監督と会うというだけのことで。現役だなあ、と痺れた。ハレとケの区切りのある時代を知る俳優の作法を垣間《かいま》見た気がした。

綺麗に髪をセットした八千草さんと会えるのが楽しみだった。女優さんの家になど行ったこともないけれど、何を手土産に持っていくものかしら、変なお菓子じゃ笑われるだろうし、安い花でも笑われるだろうし、いや、安い花でも笑わないのが八千草さんかしら、などと悩んでいたら、「それが急に悪くなってしまって、入院することになったんです」とHさんから連絡があった。クランクインまで、ひと月を切っていた。

「本人には話していないんですが」という深刻な病状もいくつか聞かされた。こんなに返事が遅くなっちゃって、インも迫って、西川組の皆さんに迷惑をかけていることはわかってるんですが、どうにも「もう降ろさせていただきましょう」って、本人に言い切れなくて、と、四十年来連れ添ったHさんの声が震えた。

もう、衣装合わせでも打ち合わせでもなんでもないけど、病院に行くことにした。長いキャリアの中での交流は数知れず、私よりも会うべき人がたくさんおられるだろうが、こういうのは、遠慮してたらダメなんだ。会えるのなら、会いたいときに、会いに行く。順位なんかない。それは私にも、もうわかるんだ。

キャスティングプロデューサーの田端さんはもうボロボロに泣いていて、体に良くて飲みやすいという無農薬の人参《にんじん》ジュースを教えてくれた。それと八千草さんをイメージして、優しい黄色の花を寄せて持って行った。

どういうご縁があったのかは知らないが、入院先は十二年前に『ディア・ドクター』の結末でかづ子の入った病室を撮影させてもらった大学病院だった。新しく改築されて、当時に比べて現代的になった建物の病室で、八千草さんは、鼻に酸素のチューブが入ったまま、ベッドに横たわられていた。

「ごめんなさいね。昨日は元気だったんだけど、夜中に息が苦しくなって、あんまり眠れなくって」

「あんまりお話しされなくていいですから。すぐに帰ります」

「みっともないわ。こんなに汚くなっちゃって」

ちっとも汚くなんかなかった。もっとずっと痩せて、人相も変わって、見る影もなくなっていてもおかしくないと覚悟して来たけれど、お化粧一つしていない八千草さんの肌は、抜けるような透明感で、うわまぶたの際の粘膜は、淡いピンク色で、そこから生え揃ったまつ毛が、くるんとカールしていた。ため息が出るほど綺麗だった。

「昨日はテレビを観て、笑ってたの。若い人たちの、何ていうのかしら……テレビの前にこんなに長い時間いることってなかったんですよね」

「そうですよね」

「――八千草さん、脚本読まれたんでしょ」とHさんが促した。

「ええ。西川さんは、こんな小柄な人なのに、力強いお話を書かれてね。とっても面白い」

「今回は、いい原作がありましたから」

「役所さんの三上さんが見てみたいわ、と思ってたんだけど」

「はい」

「お芝居は、やっぱり体力ですから。台詞を言ったり、演技したり、頭で考えて、できないこともないかもしれないけど、やっぱりそれをやらせてもらうには、体がちゃんとしてなきゃね。もう少し戻るかと思ったんだけど……」

少し寂しげではあったけれど、決して感情的ではなく、八千草さんは、実に冷静に、厳しく、自分の現状をジャッジされていた。そうなのだろう。演技は、act《行動》だ。言葉や心情だけではなく、それを下支えする五体全ての反射が要る。台詞回しが抜群に巧《うま》い役者は、指先を動かす仕草だけをヨリで切り取っても巧い。肉体の末端にまで神経が行き渡り、その支配の仕方を魔法使いのように知っているのだ。一つのシーンでも何十カットに割られ、そのワンカットごとが、十テイクずつに及ぶこともある。テストも合わされば、同じことの何百回もの繰り返しになる映画作りを支えるのは、彼らの強靱《きょうじん》で精巧な「フィジカル」なのだ。この映画の仕事をするという意気込みだけが、八千草さんの生きるよすがのようになっているのではないかと私は気を揉んだが、そんなものはうぬぼれだった。やっぱりプロだった。

少しして、八千草さんは、役を降りられた。谷口監督と過ごされた自宅に戻って、残りの時間を過ごすという決断をされたそうである。「頂戴《ちょうだい》致しました台本は、これからも彼女の側《そば》に置いてもよろしいでしょうか」とHさんに尋ねられた。亡くなったのはその連絡が来てから、二週間後のことであった。

私たちは、たちまち慌て出し、八十七歳で演技経験がほとんどない小池さんを会社に呼びつけ、信じられないほど繰り返しリハーサルをした。全く、ひどい話だ。小池さんは、補聴器を忘れてきてしまい、聴こえる方の片耳のそばで喋らなければほとんど反応しなかった。しかし、やる気は充分で、自ら四〇〇パーセントくらいに拡大してきた巨大な台本のコピーを机の上に並べ、色ペンで傍線を引いた台詞を完全なる棒読みで喋り、別の役がまだ喋っている最中に自分の台詞を喋り出し、「まだまだまだまだ！」と助監督に止められ、はす向かいに座った私を相手役と勘違いしてじっと見つめたまま芝居をした。向田邦子、山田太一、倉本聰と、かのお歴々の台詞を世に放ってきた女優の代役が、これだ！全て私の招いたことである。こんなことなら達者な六十代に……という後悔がよぎったが、もう遅い。

台本の中には、『……』という間が、いくつか書いてあるのだが、時どきに絶句する小池さんの『……』が、俳優の溜める『……』のリズムとはまるで違って、それが必死に台詞を思い出そうとしている間なのか、役としての意図的な感情の間なのか、全く判然としないのだが、高齢の人のテンポとしてはやけにリアルで、生身の人間の会話に出来る間というのは、案外こっちが本当かもしれない、とすら思わせるのだった。とにかく、小池さんの芝居は、ＯＫとか、ＮＧとか、そういう次元じゃなく、「芝居」といえるものなのかどうなのかすら判断ができなかった。とにかくワンシーンの終わりまで辿り着いただけで、私たちは息が上がったし、その都度小池さん自身は、充実感なのか、ごまかしなのか判別もつかない、とびきりの笑顔を私たちにプレゼントした。あまりのことに、助監督も、プロデューサーたちも、小池さんも、居合わせた全員が噴き出すしかなかった。もう、トランス状態だ。目の前が真っ白になりながら、私は、その尋常ならざる焦りの中で、かろうじて、八千草さんを失ったことを忘れていた。

夜明け前

2021年1月号

スクリーンは果たして、待っていたのか。

それがしかし——私の映画が完成するのを待たず、世界の多くのスクリーンは閉ざされてしまった。北米も欧州もロックダウンとともに三月中には映画館が閉鎖され、アメリカではニューヨーク、ロサンゼルスなど主要都市の映画館は十一月現在でもまだ営業再開されていないという。二〇二〇年の目玉と言われた『007』や『トップガン』などのハリウッド娯楽大作も二〇二一年へ封切りを持ち越し、延期を繰り返していたディズニーの『ムーラン』やピクサーの『ソウルフル・ワールド』などは、ついに劇場公開を断念して有料配信へと踏み切った。そのため大手のシネコンチェーンは、「劇場でコロナが広がるから」ではなく、「かける作品がないから」という理由によって再開を見込めないまま、今や多くの従業員の雇用に影響が出ている。人々の外出自粛は続き、再開した劇場でも人数制限があるのでは、公開したって客入りが悪くて製作費の元手が取れない。ドル箱作品だったはずのものが軒並み配給にブレーキをかけた中、クリストファー・ノーラン監督は

「映画館を守りたい」という孤独な義俠心《ぎきょうしん》で超大作『テネット』を世に放ったが、一般市民は「観に行こうにも近場の劇場がやってないのだもの……」という事情も絡んでアメリカ国内での興行は苦戦したそうだ。くじけてくれるなハリウッドのミスター・バットマン。夜明け前が最も暗い、とはあなたの映画の中にあった台詞じゃないか。

緊急事態措置が緩和された後の六月に完成した私の新作だが、こんな混乱の中でも各地の国際映画祭が招待を決めてくれた。とはいえ以前にも書いた通り、ほとんどの映画祭が国外からゲストを呼び寄せることはできず、日々刻々と変化する感染状況を受けて、劇場で上映するかオンライン配信限定にするかも直前まで結論の出ないケースも多かった。なにせ映画史が始まって以来の大珍事なのだ。他に手立てがない時代なら諦めもついただろうが、ネットとデジタル技術のおかげであの手がある、この手がある、と発明をし、工夫を凝らし、時間や土地の隔たりを超えてさまざまな記者会見やイベントがあったようだ。どこの土地の映画祭においても、経済効果は普段の何十分の一レベルに落ち込んだだろう。誰もホテルに泊まらない。飛行機にもタクシーにもバスにも乗らない。パーティもディナーも行われない。ポップコーンも食べない。それでも、「映画の交換」というカルチャーを保ち、次につなげるために頭をひねった世界各地の映画祭スタッフの人々を尊敬する。

私の映画の世界初のお披露目上映となったのはカナダのトロント国際映画祭だった。市内の立派な映画館で作品を上映してくれたが、チケットは無事完売だと聞いていたのに現地レポートの映像を見た私は仰け反った。巨大な劇場の客席はガラガラで、まさに「閑古鳥が鳴く」風景そのもの。聞けばどうやら十分すぎるほどのソーシャル・ディスタンスを取って、三百五十八人収容の大劇場に五十人しか入れない規制をかけたのだそう（ほんとかな？）。

精魂込めて作った作品がせっかく海を渡ったんだ。二週間隔離されてでもスタッフを連れて現地に行って、違う国の人たちがスクリーンに観入る姿を見せてあげたい、と一時は熱くなったけど、やめといてよかった。観る人の方も、「客席に並んで、他人同士ひしめき合うようにして同じ映画に興奮する楽しみ」——そんな理想とはまるで別物の劇場体験だったろう。

そういう中でも足を運んでくれた現地の人がいるんだから、その映画愛には感謝しかない。観終わったばかりの男女のカップルが劇場の前でインタビューに応じ、「ドキドキした。役所さんがグレイト」と言ってくれた。ドキドキしたって二人は遠く離れて互いの手を握ることさえできなかっただろうに。それでも体を寄せ合いながらトロントの街に消えていく若い二人の姿を見ながら、こんな奇妙な夜もまた、自宅のパソコンの前で観るのでは得られない、かけがえのない思い出になってゆくのだろうなとうらやましく思った。

しかしそうやって劇場で映画をかけてもらえたのも、九月以前のカナダが感染防止のコントロールに比較的成功していたおかげだ。トロントでは劇場での上映に加え、ドライブイン・シアター上映の復活と、オンライン配信も併用させる策を取った。

対して感染拡大が止まらないアメリカにおいては、シカゴ、ＡＦＩロサンゼルス、デンバー、フィラデルフィアなどの映画祭は全てオンライン配信のみで観客に届けられた。

上映後のオンラインイベントでは、現地の映画祭オフィスにいる司会者がパソコン越しに質問を投げかける。するとどこかの街の自宅にいる通訳さんが日本語訳して、東京の私がそれに答える。観客との質疑応答の時間も設けられ、顔の見えないお客さんがチャットで送ってくる質問を、司会者が読み上げる。

「続いてはケイトさんからの質問です。畳の日本家屋にキャメラのローアングル、画作りに小津安二郎監督の影響はありますか？」

「ケイトさんご質問ありがとうございます。小津さんだなんて、滅相もない。日本の古い安アパートは天井も高くないし、決まって畳敷きだから、座卓に座る主人公を捉えるときには大抵ローアングルになるものなんですよ」


合衆国東北中部で開催されたシカゴ国際映画祭での上映は、アメリカ国内に住んでいる人ならばどこからでも観ることができると聞いて、西海岸・カリフォルニア州サンノゼに住む旧《ふる》い友人に知らせたところ、すぐに夫婦で観てくれた。二人の息子の小学校は九月の新学期から完全にオンライン授業化し、日がな一日子供たちが家の中を走り回って、曰く「白目を剝《む》いていた」が、そんな最中にシッターも雇わず、自宅に居ながら別の州の映画祭に参加できるとは思わなかったそうだ。

「これもコロナのおかげかもと思う、実は」と友人は言った。「今年に入って、なんだかんだで昔のみんなともちょっと近くなれたし」。

例のオンライン飲み会ブームに乗っかって、私も久々に彼女の顔を見たのだった。今はシリコンバレーの電子部品系の会社勤めの夫とともに子育てをする彼女だが、中高時代、今は潰れた広島市内の劇場やミニシアターに、二人でよく二本立ての映画を観に行った。デ・ニーロとショーン・ペンの『俺たちは天使じゃない』とか、『エルム街の悪夢3』とか、ルトガー・ハウアーの『聖なる酔っぱらいの伝説』とか。たくさん俳優の名前を覚えたり、よくわからないヨーロッパの映画を観てみたり。今と違って、目の前にいる友達だけが「ともだち」だった。観た映画を、観た仲間とぐだぐだ話し込んでるうちに、私は知らず知らず映画にのめり込んでいった。彼女と私が「将来映画の道に進もう」だなんて話し合ったことなど一度もなかったが、おそらく勢いづいた私はその後一人で鼻息を荒くして今に至るのだ。人生ですれ違う、一体誰がどの道に人を導くかわからない。そしてこんな事態にでもならなければ、私もシカゴの映画祭の上映日をサンノゼの彼女に伝えようとも思わなかっただろう。

「毎度言ってる気もするけど、今回のが一番良かったよ。でも太賀くんが役所さんの背中を流す風呂場のシーンは、あわや『ブロークバック・マウンテン』になるのではとアメリカンの夫はハラハラしたそうです」との感想。大笑い。

ヨーロッパの状況も、めまぐるしく変わる。夏以降は落ち着きを取り戻しつつあった十月のイタリアのローマ国際映画祭では、マスクをつけてドレスアップしたゲストがレッドカーペットを歩き、私の作品も劇場に観客を入れて上映が敢行されたようだが、そうこうしているうちにも、あっという間にヨーロッパ中を第三波が飲み込んで、映画祭最終日の十月二十五日にはイタリア全土で映画館を再び閉鎖するという首相発表があった。キスやハグが悪いのか、土足が悪いのか、風呂嫌いがたたるのか、結局のところ気温や湿度なのか、もう何が何だかわからないが、とにかくヨーロッパでは、緯度の高い地域を中心に、数は再び爆発的に上昇している。作品の招待を決めてくれていた十一月のスイスのジュネーブ国際映画祭は、政府による劇場閉鎖要請により、映画祭そのものが取りやめになってしまった。これから先も、アジアや中東でのプレミア上映が始まるが、何がいつどうなるのかも予測がつかない。

そんな中、主演の役所さんが、シカゴの映画祭で「ベスト・パフォーマンス賞」なるものを受賞した、というニュースが飛び込んできた。

「ベスト・パフォーマンス賞」？　何だかけん玉や皿回しでも褒められたかのようなイロモノっぽい名称に聞こえるけれど、つまりそれらしく翻訳するならば「最優秀演技賞」なのだそう。映画界でも男女格差、ジェンダーの壁を取り払おう、というはたらきかけを受けて、今年から「主演男優賞」と「主演女優賞」という区分をやめて、全ての演技者の中での最高賞をひとつにまとめたのだと聞いた。

役所さんが……？　嬉しかったけど、それ自体に驚きはしなかった。だって役所広司だぜ。桁違いなんだから。「用意、スタート」をかけたが最後、私はもう脚本に目を戻すことはなかった。目の前で起きていることの方に答えがあるからだ。役所さんがキャメラの前で吐く息には、その男の生きた年数分の紆余《うよ》曲折が詰まって見える。おかしな顔をして見せるでもない。派手な動きも加えない。脚本から逸《そ》れたことは一切しない。全てがあるべきところに収まっているだけなのに、台詞の中の言葉にはない閉じ込めた感情や、表情には出さない過去や遺恨の折り重なりが、観ている者にきっちりと伝わるのだ。評価されて当然なんだ。

けれど、それを今のアメリカ合衆国の映画祭で、英語を喋る白人の俳優ではなく、日本語を喋るアジア人俳優が、しかも字幕でその演技を見られて、全世界の中で最も秀でた演技と受け止められたことは、何か大きな流れの変化のように感じてしまった。——分断と自国第一主義が声高に叫ばれたアメリカの四年間。私たちが子供のころに眩《まぶ》しく見上げた、あのきらびやかな、富と自由と、創造性と全能感に満ちた「グレイト・アメリカ」が今も本当にアメリカの現実ならば、こんな映画は平気で無視されていたはずだ。特殊メイクで歴史上の有名人そっくりに扮《ふん》したり、重病や障害を背負うような、あからさまに難しげな種類の演技ではない。役所さんが着た衣装は、悲しいほどに色気のない刑務所の房衣と、ランニングシャツとジャージくらいで、刑務所から出て来た男が、光も色もない社会の片隅からなんとか人並みにやり直そうと日々を模索するだけの小さな演技の積み重ねだ。――アメリカは傷を負ってしまったのだ。ドリーム、サクセス、ジャスティスだけではもう治まらない。ダメになったものが、一生ダメで居続けなきゃいけないその窒息寸前の苦しさと、だけど俺たちだって何とかしたいんだという叫びのようなものが未だかつてなく切実に渦巻くその社会に、何か近く響くものがあったのだろうか。

ほどなくして、同じシカゴで英語以外の作品部門の「観客賞」をもらったという知らせが続いた。審査員が選ぶものではなく、散り散りの時間や場所で観た人々からの投票の集計作業があったから、役所さんの受賞からは発表が遅れたのだそうだ。授賞式はなかったし、トロフィーがもらえるのかどうかもわからない。だからそれがほんとかどうか、今でもちょっと疑わしいのだが、劇場でのスタンディングオベーションの熱狂も、街に出回る口コミもなく、ただ米国各地の人々が自分だけの実感で投票をしてくれたと聞けば、それは嘘のない評価だと受け止めたい。スクリーンは閉ざされていたけれど、遠く離れ離れに暮らす人々が、各々に映画を手にとってくれたのだ。新しい映画の伝え方が、見えたようにも思った。

二〇二〇年の一月中旬。ロケ最終日の前日に、北海道・旭川の居酒屋で、役所さんとスタッフでお酒を飲んだ。四人掛けのテーブルを役所さんと、撮影の笠松さんと、照明の宗さんと私とで囲んだのだが、この四人が四人とも、明日もまだもう一日あるのに飲み出したら止まらない。笠松さんと役所さんは六十三歳と六十四歳の一つ違い。私と宗さんはこちらも同世代の四十代。

役所さんみたいな人に対して気安く映画談義みたいな話をしてしまっていいものだろうかとつい気が引けてしまうけど、宗さんは「俺は高校まで北九州で野球しかしてませんでしたから、デート以外で映画に行ったこともないまま上京して照明部になりました！」とあっけらかんと言う人で、今になって必死でケン・ローチを観たり、『クレイマー、クレイマー』で号泣したり、笠松さんにフェリーニのＤＶＤを借りたりしながら役所さんにも直球でマイベストを尋ね、「正月休みに観ましたよ！　役所さんのマイベストの『ライアンの娘』！　良い！　けど、長い！」と屈託のない感想を言っていた。よしよしよし。あったまってまいりました。どさくさの、いい流れ。

「――役所さん、『ジョーカー』はご覧になったんですか？」

「みんながあんまりすごいって言うんで観ましたけど、まあ……『タクシードライバー』のデ・ニーロを観たときの衝撃と比べちゃうから……ねえ笠松さん」

「ああ、それを言っちゃうとねえ」

「リアルタイムでご覧になったんですか？」

「リアルタイムすよ」と笠松さん。

「リアルタイムすよ」と役所さん。

「十九とか、二十歳でしょ？」笠松さん。

「そう。それくらい」役所さん。

「おおー」西川。

「……ん?」宗。


役所さんや笠松さんが子供だった一九五〇年代や六〇年代は、ちょっとした街ならばそこいらに劇場があふれていた時代だろうと思う。笠松さんは愛知の大府《おおぶ》市。役所さんは長崎の諫早《いさはや》市。二人ともが、故郷の街にいくつかあった小屋で観た映画の話で盛り上がっている。初めて観たのはエノケンだったとか、中村錦之助の時代劇とか、若大将シリーズとか、『キングコング対ゴジラ』ならキングコング派だったとか――

「監督は初めて劇場で観た映画は何?」

「私は……『帝国の逆襲』です。スター・ウォーズの。八〇年。幼稚園のときでした」

「俺たち……そんなに歳離れてんのか……」

がっくりと肩を落とす役所さん。そうなんです。だから私、いつまでもドギマギして、一本まるまる終わっても、まともにまっすぐ役所さんの目も見られないんです。

「役所さんも子供のころから、映画お好きだったんですね」

「ええ。好きでしたよ。でも、切符を買って入るってより……うちは、実家が乳酸菌飲料の製造をしてたんですよ。当時どこにでも売ってた、熊本に本社がある、弘乳舎の『ソフトヨーグルト』って飲み物なんですけど……知らない？」

「こうにゅうしゃ……」

「ちょっと聞いたことがないですね」

「九州限定なのかなあ……それを家族みんなで働いて、瓶詰めにして製造販売してまして、俺の体は牛乳じゃなくてその乳酸菌飲料で出来てたと思います。当時チクロっていう後味のすっきりした人工甘味料が入ってて、旨かったんですよ。後から発がん性があるってわかって、ベタッとした全糖に変わっちゃったんですけどね。……俺は九つとか十くらいのときから、その『ソフトヨーグルト』を映画館に配達しに行かされてたんですよ。そうするとね、映画館のおじさんが、今かかってるやつ観ていきな、と中へ入れてくれてたんですね」

なんとまあ。『ニュー・シネマ・パラダイス』のエンニオ・モリコーネの音楽が聴こえてくるような話じゃないか。乳酸菌飲料の瓶を抱えてやって来た九歳の少年が、暗闇に誘われ、笑ったり、驚いたりして時間を忘れていたのだ。

「中学のころにはね、街でエッチな映画の看板を見ると、気になって気になって仕方なくなってね。ピンク映画かロマンポルノだったかわかりませんけど、題名見ただけで、もう居ても立っても居られないんですよ。何なんだ、どんなことしてるんだと。あるとき友達と二人でなんとか大人のふりして行ってみようと勇気を出して、日曜日に私服で窓口に行ったんですよ。で、『中学生二枚』って言っちゃった。バカですよ。映画館のおじさんが俺の顔を知ってて、考え直せ、って止められました」

「それ、何て映画だったか覚えてますか」

「『夜を待つ乳房』」

「いいタイトルだなあ！」

三人でそんな美しい話を聞きながら、旭川の澄んだお酒が五臓六腑《ろっぷ》に溶け込んで行った。劇場に入れたおじさんも、止めたおじさんも、その少年が将来、世界の人の心を捉える俳優になるとは思いもしなかっただろう。スクリーンは、少年を待っていたのだ。


こっちの映画のタイトルは、『すばらしき世界』とつけた。

『身分帳』じゃ『ナントカ捕物帳』とか『鬼平犯科帳』みたいな時代物っぽく聞こえるし、言葉の意味もわからなくて客を呼べないと配給が言うんだ。——すばらしき世界。何だか誰でも考えつくような、実に陳腐なタイトルだ。佐木さん、ごめんなさい。だけどすばらしき世界。その題名に腹を決めてからは、晴れの日、雨の日、風の日、雪の日、ワンテイク、ワンカット、ワンシーン、一日、二日、三日……と、コツコツ完成に向けてみんなで日々を積み上げて行くごとに、このタイトルそのものが、いつの間にやら自分たちの仕事の目指すところにもなり、この名の通り悔いなくしっかりやりなさいよ、と背中を押してくれていたようにも感じる。すばらしき世界。自分たちがいるのは、そういう場所だ。そういう場所に、きっとできるんだ。撮影が終わったときも、仕上げが全て終わったときも、このタイトルが自分たちの仕事に対する、最大の褒め言葉のようにも感じた。

すでにその撮影からも一年が経とうとしている。クランクアップのころには「楽しかった」「またいつか一緒に」と言ってくれたスタッフもたくさんいたが、コロナウイルスのせいなのか、この職種の厳しさや、先行きの不安がそうさせたのか、幾人かの若い人は、すでに映画の仕事を離れる決断をしたのだという噂話を聞いたりもする。どこでどうしているものか。

私にしても、もう今この瞬間は、映画監督とは言えないだろう。次に撮るものがまだ定まりもしておらず、再び、明日吹く風の向きも知らぬ素浪人の身だ。幕が開く日に向けて出来たばかりの作品を引っさげて、人前でそれらしくも振る舞っているが、全て、もう終わったことだ。これまで撮った映画のことはわかっていても、次に撮る映画をどうすれば良いのかについて、私はまだ何一つ知らない。

幸福な思い出も多く、全てが宝石のように大切にも思えるけれど、過ぎた幸福に浸っていると次を見出《みいだ》せない。南米で活躍するある料理人が言っていた。「一緒に働く仲間とは最高の時に離れないといけない。お互いに幸せを感じ、最高の仕事をしていると感じている時が別れ時なんだ」。信じたくないけれど、そういうものかもしれない。

最良の時が、最後の時だ。次はまた、もっとすばらしき世界が待っている。

映画をはなれて

逃げ場所

「からだの音 for Kids」２０１７年夏号

私の両親は、父が「黒」と言えば母は「白」、母が「右」と言えば父は「左」と何につけ食い違う夫婦で、幼な心にも「なぜ結婚したのだろう」とふしぎに思っていました。子供にとってはどんな親でも生きるよすがに他なりませんから、そのよすが同士が敵対し合うのを見るのはなかなかにしんどいものです。

私が四つか五つのころ、食卓で喧嘩《けんか》した直後の父に「美和ちゃんはどっちの味方？」と尋ねられたことがあります。「お父さん」と私はこそっと耳元で答えましたが、それは嘘《うそ》でした。母だと答えてしまったら、何かがちぎれてしまう気がしていたからです。本当は台所に残されて、一人片付けをする母に同情をしていました。父も若かったのでしょうが、私は自分のついた歪《ゆが》んだ嘘に、随分後までわだかまりを抱えていた気がします。

けれども当時我が家は父方の祖父母と暮らしていました。夫婦喧嘩がいよいよとなれば祖父のレフェリー・ストップが入りましたし、私にはこたつに入っている祖母の膝の上という逃げ場所がありました。祖父母と同居の生活で、母は介護や親戚付き合いや、たくさん仕事も抱えましたが、ときどき一人で気持ちがいっぱいになって近くの河原に空気を吸いに出ても、その間我が子をかまっていてくれる人が居たことには、救われていたのではないでしょうか。

大人にも子供にも逃げ場が必要だし、任せたり甘えられる他人が必要なのだということを、当時の母の歳《とし》を越えたころから思うようになりました。私自身も実の親ほど深刻にならない別の大人が、少し離れたところに居場所を作ってくれたことで、親たちの不完全さも徐々に受け止めて行ったのかなとも思います。

どこの家庭もお祖父《じい》さんやお祖母《ばあ》さんと暮らせるわけではないですが、血のつながりがなくても、どういうかたちでも、子供たちや親たちが息を抜ける、少し無責任な誰かが近くに居られると良いな、と思います。

私の青い鳥

「SINRA」2017年11月号

東京の一人暮らしで自然にふれあうことは少ない。私は土いじりもしなければ虫や動物を飼ってもいない。そんな生活の中に、一つだけ日課のように観察するものがあった。

ある一月の朝のこと。駅までの遊歩道に植えられた冬枯れのけやきの木のてっぺん近くに、目の覚めるほど鮮やかな緑の葉っぱが一枚だけ残っているのを見た。新緑の芽生えには三月《みつき》も早い。私はだんだんと顎を突き上げながら木の真下までやって来た。

「インコだ――」。

どこのお宅から逃げて来たのだろう。外来種らしい発光するようなグリーンのその鳥は、くすんだ普段着の野鳥らが生ゴミや地の虫や熟《う》れた柿の実や老人の撒《ま》くパンくずを求めてせわしなく飛び交う朝の遊歩道においては明らかに異色で、高い高い木の枝でじっと身を硬くしているように見えた。あんな所に居ては、飼い主の目にも留まるまい。ピーちゃんや、と呼べば主人の手のひらに降りて来る種の鳥でもないだろう。籠の中に帰る術《すべ》も失い、ピーちゃんは今日から何を食うのか。生ゴミも地の虫も、食える物だとすら知るまいに。

切なくなって私は頭《こうべ》を垂れ、いつものように仕事に出掛けた。大きな街で不器用に立ちすくむ誰かを見捨てて先へ急ぐことにも、もう慣れてしまったから。

数日後。同じ場所にピーちゃんは居た。しかし変わらずひとりであった。たとえしぶとく食いしのいでも、この東京の空では一羽の同類もおらず、仲間も家族も持たぬまま死ぬのであろう。ピーちゃん、世界を知ることであなたは、孤独についても知ってしまったのだ。

春が来て、緑が芽吹き始めるとあっという間にピーちゃんの姿は隠れてしまった。夏が終わり、紅葉を経て再びけやきが丸裸になった年の瀬、私は一年ぶりに上を見上げた。枯れ枝の上に、鮮やかな緑のインコが二羽とまっていた。おーっ！　私は声を上げ、通り過ぎるサラリーマンを呼び止めそうになった。この驚きを誰かと共有したかったのだ。東京は広し。この空の下、同じ時代に同じ自由なインコと出会えるなんて。やったな、ピーちゃん。

翌年もその翌年もピーちゃんは同じ木の上に居た。友達か家族か知らないが、年ごとに同じ色の鳥の数が増え、群れで空を飛ぶ姿も見かけた。私が胸を痛めるまでもなく、彼らは生き方を見つけていたのだ。今年の早春、けやきの上にカラスが巣を作り、彼らは前ぶれもなく姿を消した。見上げるものを失《な》くした私は、冬が来る前に住処《すみか》を越したいような気持ちである。

ピクシーえほん

——心にのこる一冊「こどもの本」2018年2月号

私の兄は、五つのときに軽トラックにひかれて膀胱《ぼうこう》が潰《つぶ》れた。その日幼稚園で描いた絵を家の前にいた父に見せようと道路に飛び出したのだ。手術に耐えて長く入院したが、兄の病室には見舞いの本やおもちゃが見るたびに増えた。痛い思いをするのも悪いことばかりじゃないな、と私は思っていた。

そんな中に伯母《おば》がくれた十センチ四方の『ピクシーえほん』というシリーズがあった。五十冊を超える数ながら、小さくて薄いので子供でも次々手に取れる。ヨーロッパの作品らしく、野ねずみが買い物かごをさげて森で木いちごを摘《つ》んだり、ふくよかなおばさんが粉やバターを買って来てケーキを焼くような「すてきながいこく」の香りに満ちていた。本の数だけ絵の違いがあり、着飾った小鳥が結婚式を挙げたり、はりねずみが赤い風船で旅したり、貧しい王様がドラゴンとお城で暮らしたりと色とりどりの世界に浸り、擦り切れるほど読んだ。勧善懲悪や教訓もなければオチもなく、ふわふわと他愛《たわい》ない内容ばかりだったが、ただふわふわと生きていられたころの自分は、それで満たされていた。人と比べられたり、競争したり、自分の力量に悩んだり、そんなことも何一つ課せられない宝石のような人生のひとときに、私のそばにあった本である。

一度はおちんちんがぺちゃんこになった兄だが、四十を過ぎて男の子を授かった。今も実家に残ったぼろぼろのピクシーえほんを、帰省するたび何度も、何度も、何度も読んで聞かせている。

みつけたともだち

——聖書とわたし「福音と世界」2018年6月号

初めて聖書を手にしたのは、中学一年の時だった。「世界中、どんな時代もベストセラーの本は何だかわかりますか? それは、聖書です」と黒いベールを被《かぶ》った女の先生が教壇で胸を張った。授業が終わればその先生も、ベールを外して通勤電車で揉《も》まれ、タイムサービスの魚を買い、旦那や息子に小言を言うおばさんに戻るのだと思っていたら、それは違う、と隣の席の田平さんに教えられた。「あの人たちは、学校の敷地内の建物で共同生活をしてるのよ」「家族は?」「いないよ。神に生涯を捧《ささ》げて独身を貫くと決めた人たちだもん」「マジでえ?」——私はそんなことも知らず、カトリックの中学校に入学していた。

聖書の言葉は難解で、霞《かすみ》がかかったように感じていた。「アブラハムは百七十五歳」とか「毛皮のように毛深いエサウ」などの突飛なキーワードにだけ敏感に反応しては、シスターに睨《にら》まれていた。睨まれても平気だった。壇上に立つ人、年かさの人から睨まれてこそ一流の十代だ、とでも思っていたのだろう。

唯一、最後の晩餐《ばんさん》からイスカリオテのユダの裏切りのくだりだけを幾度も熟読していた。企みを見抜かれて、勢い師匠を売り飛ばすがすぐに後悔し、もらった銀貨を投げ捨てて自死する顚末《てんまつ》。悪魔が取りつき、全世界から嫌われているそのキャラクターこそが自分の本質には最も近いような気がして、ぶるっと震えた。

イエスが弟子たちの面前であれほど露骨にユダを槍玉《やりだま》に挙げ、侮辱するのにも驚いた。「侮辱」と読むのも浅慮なのかもしれないが、「その人は生まれて来ない方が良かった」と、ボスから目も見ずに言われた方はたまらない。「そりゃねーぜ」と中学生ながら思ったが、肝心なときにそんな言葉を選択したイエスの方にも珍らしく人間らしい感情を見た。ほんの数ページのくだりだが、互いに思いがあっても通じなかったり、ちょっとしたすれ違いで愛が憎しみに変わり、またそれも愛に変わる、人の心のうつろいの哀れさが詰まっている。自分自身に絶望したまたった一人で首を括《くく》ったユダが悲しくてならず、涙が滲《にじ》んだものだった。

ものを書く立場となっても、人間の中に巣くうどうにもならないものばかり探っている気がする。誰もいないあの土地で首に輪をかけようとしているユダに、声をかければまだ間に合うのじゃないか、と愚かにも信じているのかもしれない。

都会の景色

——粋人有情「日本橋」2018年8月号

都心のラーメン屋では欧米の外国人観光客をよく見かけるようになった。日本人より猫舌なのか、湯気を立てるラーメンをそろそろとレンゲの上に載せてから口に運んだり、白っぽく冷めてしまったのを、おっかなびっくり食べたりしている。チマチマやらずにずるっと啜《すす》れい！　と思うけれど、彼らはどんぶりの中で麺が膨らんでいくのもおかまいなしに箸を置き、昼下がりのカフェに来たように仲間たちとゆったりと談笑しながら食事を楽しんでいる。日本まで来てラーメン屋なのかねえ、とも思うが、国内の人が思う「その国らしさ」と、外の人が惹《ひ》かれるそれとはまた違うのだろう。

いつだったか映画祭で訪れた欧州の青年が教えてくれたことがある。「ヨーロッパの街並みは美しいけど退屈なんですよ。いつも同じ。ずっと完璧。東京の風景は、ゴチャゴチャしていて、コロコロ変わって、すごく刺激的で面白い」。

戦火で焼かれた転換点があったことも大いに関係するが、基本的に欧州の都市計画に比べて日本は自らの風景のチャームポイントに対する自己肯定感が低く、時流に流されてせっかく凛々《りり》しい一重まぶたをどぎつい二重に整形手術して、時間が経《た》ってからうっすら後悔するようなまちづくりを重ねてきた。青年の言葉は遠回しの皮肉かとも訝《いぶか》ったけれど、色とりどりの看板、デザインも建材もばらばらの雑居ビル、めまぐるしい映像の流れる大型スクリーン、縦横無尽に人々の行き来する場所には、きまって三脚を立てて興味深げに撮影する外国人の姿がある。軽薄な風景に見えても、それにこそ人の息づかいや時代の体温のようなものを感じているのだろうか。もはや彼らの求めるジャポニズムは、広重が描いたような端正な江戸の風景とも異なるのかもしれない。

日本橋の上に被さった首都高速道路が、将来取り壊されて地下に潜ることになるらしい。昭和の東京五輪の負の遺産と言われる風景で、上京して初めて見たときは、これが「粋」の本拠地・お江戸日本橋ぃ〜？　と私ものけぞったが、当時の近隣の人々は「首都高速道路」がどんなものかも知らぬまま、ああそうですか、お上のやられることでしょうから、と悠長に構えている間に予想外に低い高架が覆い被されて驚いたのだそうだ。頭のすぐ上を大蛇のように這《は》う道路に陽《ひ》の光は遮られて日本橋川の水面はいつ見てもどす黒く、高度経済成長期からの排泄《はいせつ》物を餌にしてじわじわと育った巨大生物が川底で息を潜めているのを想像する。『グエムル』という韓国・ソウルの漢江《ハンガン》に棲《す》む怪物のパニック映画があったが、日本版をリメイクするなら日本橋川以上のロケーションはないだろう。

しかし、江戸・東京のアイデンティティのへそをぶっ潰したようなあの珍妙な風景自体、もはや美醜の価値基準を超えて、現代の東京の東京らしさとも言えるのかもしれない。

「決して成功とは言えない風景」の悲しさもまた一つの街の特徴であり、清濁併せ呑《の》む東京のゆるい懐に、私も含め多くの人々が抱かれて居場所を与えられてきたのである。そしてまた、どんなに都市として歴史を積んでも美しくても、それらは戦争、天災、人災で一日にしてあっけなく崩壊することも私たちはよく知っている。

去年（二〇一七年）私は自分の映画の上映で初めてパリを訪れたのだが、確かにどこを切り取っても参りましたというほかない街並みであった。三百年前から風景が変わっていないのよ、とパリ育ちの同行者は胸を張った。今の東京に太鼓橋の日本橋があり、小舟の行き交う運河があちこちに流れ、松の並木の東海道が残されているようなものである。全くうらやましい限り。

朝早く、マロニエの街路樹が黄色く色づいたシャンゼリゼ通りを散歩すると、私のような野暮天でも気取った足取りになってきた。十一月の休戦記念日で飾られたトリコロールの国旗が風にはためく凱旋門《がいせんもん》のそばまで差し掛かったところで、高校生くらいの可愛《かわい》い女の子たちに声をかけられ、「貧しい国の子供に教科書を買う支援をしています」と署名を求められた。何と殊勝な……。普段は素通りのくせに、急に国際人ぶって慈善活動でもしたいような気分をそそられて話を聞いているうちに、あれよあれよと四方からバッグの中、財布の中に手をねじ込まれており、はっ、とするより前に、通りかかったアフリカ系の女性が野良犬を払うように彼女らを遠ざけた。

「……ダメよ絶対！　相手にしないで」

とクールな表情で忠告してくれた彼女はスタスタと仕事に向かってしまったが、やっぱり平和ボケした私はぽかんとしてしまった。まさか午前中から可憐《かれん》な少女に狩られるなんて……。

ブヨブヨにのびた麺を楽しげに嚙《か》みちぎり、安心しきった顔で東京のラーメン屋に長居する観光客たちを見ると、風光明媚《めいび》でもスタイリッシュでもないが、この街もまあギリギリ悪くはないんだろう、と思う。江戸・東京の粋も、時代とともに雑味が増してきた様子だが、さりげなく、押し付けがましくなく、訪れた人が疎外感を抱かずに自分らしくそこに居ることのできる場所は、やはり都会と呼んで良いのだろうとも思う。日本橋川が再び空の色を取り戻したころ、この街はいったいどんな景色になっているのだろう。

二十三年後の夏

「文藝春秋」２０１8年10月号

戦争を知らない私が、町が壊れてゆく風景を初めて目にしたのは一九九五年一月の阪神・淡路大震災であった。二十歳《はたち》の頃。黒煙の立ち昇る街で大勢が命を落としていくのを遠くで感じながら、昨日と変わらずご飯を食べ、大学へ通い、バイトを続ける異様なむずむず感もその時初めて経験したものだ。

しかし若い私は、その尋常ならざるカタストロフに明らかに興奮していた。「時代」に人生が揺さぶられている実感があったのだ。期末テストが終わるやいなや、久米宏さんの『ニュースステーション』でボランティア募集されていた神戸市某区役所を目指した。「東京の学生さんやのに、何でわざわざ?」と尋ねてくる現地の人の瞳の中に私の善意を疑う色はなくてまたもやむずむずしたが、給水を手伝ったり、崩れた家の中から通帳やアルバムを掘り出して避難所に届けたりするだけで、ともかく呼吸が楽になっていくような感覚があった。

しかし時間が経つにつれ、より地味で専門性の高い支援が必要とされ始め、「役に立ちたいけど、できることがない」というジレンマに悩まされる日がやって来る。私は空き地で浴槽メーカーが提供したバスタブに湯を沸かし、「あおぞら風呂」と看板を掲げた番台に一日座る仕事を任されたが、日にお年寄りが三人も来ればいい方で、「もっとやり甲斐《がい》のある仕事がほし〜な〜」と頬杖《ほおづえ》をついていた。結局そういう局面で底の浅さを露呈させてしまうわけだが、奉仕活動には矛盾と自問自答がつきものだ。初めから一つの成果も見返りもなく続けて行けるほど誰もが成熟してはいない。参加者たちはとっぷり日が暮れるまで体を酷使しなければ自らの「奉仕欲」を満たせなかったし、夜ごと「僕たちにできることは何か」と口角泡を飛ばして議論しつつ、一方で当然のように支援物資の弁当にありついて腹を膨らませてもいた。

あれから二十三年。八月に広島の実家に帰省した折、土砂災害※のあった地域に出かけてみた（※平成三十年七月豪雨。広島県内の死者・行方不明者の合計は百十四名。約一万四千戸の住宅被害があった）。今やネットを開けば最新の募集情報が得られ、ふさわしい服装、交通状況、ボランティア保険の説明までわかりやすく明記されている。私もすっかり四十を越えた中年で、できる仕事があるのかも心細かったが、受付を終えると程なく男性がマイクを手に慣れた様子で説明し始めた。

「まだまだ人手が足りてませんのでね。今から現場にお連れしますが、十分間作業したらリーダーが声をかけますから、必ず十分間休憩すること」

知らぬ顔同士乗り込んだワゴン車は、ぐんぐん勾配を登って行った。内海を見渡せる静かな町だが、到着したのは山を背負ったコンクリート三階建ての個人宅。裏山が爆発したようにえぐれ、一階の駐車場にプール一杯分もあるかと思われる土砂が堆積してマツダのセダンを埋めていた。

私は土嚢《どのう》袋の口を開いてバケツにセットし、泥が溜《た》まったら取り替える作業を担当したが、一秒でも早く袋を開き、バケツの口に掛けようと指先と脳がフル回転するのみで、シヨベルで泥を投げ込んでくる仲間の顔をちらと見上げる余裕もなかった。微《かす》かに糞便《ふんべん》のにおいの混じった土砂は土嚢に詰められ、トラックで運ばれて行く。

ようやくこれ以上ないテクニックとスピードを心得てきたと思ったころ、十四時前には早々に作業は打ち切られた。気温三十五度。十人がかりで脇目も振らず作業をしても、土砂はやっと半分減った程度。家主に涙ながらに礼を言われるわけでもなければ、苦労話を吐露して憂さを晴らしてもらうようなふれ合いもない。ただ求められているのは、不明者さえまだ残る状況の中で、他に手伝う人もいない単純作業のみだ。誰でも代わりはできる。だからこそ、誰かが来てくれさえすれば、絶対に前に進む。

センターに戻れば汚れた長靴を年配女性や中学生が丁寧に洗ってくれ、冷えたうがい薬やおしぼりも手渡された。躊躇《ちゆうちよ》しつつも来てみた人に首尾よく役割を与え、疲弊させず、衛生を保ち、志も絆《きずな》もぬきに「また来られるかも」と思わせるシステムが整うまで、この列島にはどれだけの自問自答と試行錯誤が重ねられてきたことだろう。進化し続ける災害ボランティアは、日本の財産だ。帰り道でやっと言葉を交わした女の子は、二十歳の学生だった。留学前の休みに東京から来たという。

「ボランティア証明を出すと、大学から交通費が支給されるんです」

「何といい学校！」

尋ねてみれば、偶然にも同門だった。ワオ。あそこの校舎どうなった？　などとお喋《しやべ》りしつつ、一部再開したばかりの呉線にゆられて広島駅まで戻った。

スポーツを「みる」

『花椿文庫　スポーツを楽しむ本』２０１９年7月15日発刊

私は趣味を持たない人間で、唯一スポーツを観《み》ることだけを楽しみにして生きている。とはいえ子どもの頃からよく親しんできたのは野球や相撲《すもう》くらいで、その他は大したこだわりも知識もなく、テレビでやってさえいれば手当たり次第観る。サッカー、ゴルフ、マラソン、駅伝、テニス、バレーボール、スキー、スケート、ラグビー、水泳、柔道、卓球、カーリング、もうスポーツでありさえすれば何でも良い。日本人が出場していれば思わず力んでしまうが、いなければいないで競技自体の面白さが嚙み締められてまた良い。ペイ・パー・ビューのスポーツ専門チャンネルに加入すれば、二十四時間、あらゆるスポーツを観られますよ、ツール・ド・フランスなんかも、観始めたら止まりませんよ、などと同じくスポーツ好きな知人はアドバイスをくれたりもするが、そんな危険なものには、リタイア後まで絶対に手は出せない。

スポーツは「筋書きのないドラマ」と形容されるが、この尽きせぬ憧れは、自分自身が「筋書きのあるドラマ」を書く仕事についているからだろうか。標準的な映画の流れにはいくつかの外せない鉄則がある。
●最初の二十分以内に登場人物の置かれた設定と状況の説明を終えねばならない。
●続いてドラマの核となる事件が起こり、主人公は「葛藤」を抱えなければならない。
●その解決への欲求が推進力となって中盤は進み、登場人物はいくつもの障害と挫折を経ねばならない。
●最終的には「成長」か「解決」か「死」が訪れ、ジ・エンド。

さまざまな形はあるにせよ、大まかにはこのようなプロットのひな型に則《のっと》って物語は紡がれる。その定石をどのように崩すかが新しい作品を生むポイントであるが、かといって離れ過ぎれば物語は背骨を失い、何を観ていくべきなのかわからないものになる。どうやったら観客の関心を引きつけ、飽きさせず、同時にありきたりにせずにすむのかと机の上で延々と頭を抱えているわけだが、私が日常的にはまっているその泥沼のような悩みを、同じ見世物でもスポーツはいとも軽々と飛び越えてくる。「一ラウンド開始五分でKO、放送時間が余りまくる」「0対0のまま均衡は破られず、四時間越えの結果、山場もなく終わる」「ワールドカップの鍵を握るトップチームが、一回戦敗退して帰国する」など、映画やドラマならスポンサーや配給元が頭から湯気を噴き上げそうな展開が、平気で起こる。観ているこちらもガクーン、と腰砕けになりながらも、「ああ、つくり物じゃないっていいな」と、その痺《しび》れるような残酷さを妬《ねた》ましく思う。

けれどスポーツだって、「ゲーム」という前提のもとに繰り広げられているある種のフィクションだ。本来飛ばなくても良い高さの棒を飛び越えたり、憎くもない相手と取っ組み合うのだから。けれどルールに基づくその虚構の中で、現実のままならなさをこれほどむき出しに疑似体験させられるものはない。絶対的な力量差にも番狂わせはあるし、努力は一瞬で水泡に帰し、理不尽な誤審に翻弄され、天才にも事故や不振は訪れる。それでも、這い上がるやつがいる。ここぞという勝負どころで、決めるやつがいる。丸く収まるシナリオは用意されていないのに、バットひと振り、キックひとつ、組手ひとつで、形勢を逆転させる力を見せつけることもあるのだ。「捨てたものじゃない」。それを、生身の人間が、今生きている人たちの目の前で証明してみせるのである。本当に面白いのは勝ち負けの結果ではなく、厳正なルールやしきたりの隙間からほとばしって現れる人間の顔であり、感情だ。不甲斐なさに用具を投げつけ、吠《ほ》える男。勝った直後に敗れたライバルの肩を抱く女。説明や解説がなくとも、そこから生き方や、信条、ここに辿り着くまでの歴史が溢《あふ》れ出し、観る人は、詩を読み解くように想像を巡らす。活躍する人間だけでなく、出口の見えない不調の中でポーカーフェイスを保とうとする男の頰の震えにさえ、私たちは励まされることもある。長く暗いトンネルの中で一人で不器用にもがいているのは、自分だけじゃない――。

危ないことに、スポーツは、それぞれの歴史も、技術論も、選手たちの因縁も、掘り返し始めればきりがないほど面白い。知れば知るほど楽しくなって、もっと知りたくなり、それを人とも共有したくなる。飲み屋にいるおっさん同士が何であんなにとめどもなくスポーツの話をし続けるのかと呆《あき》れる人も多いだろうが、私にはその気持ちもわかる。赤の他人の打率の心配より、自分の人生なんとかしろよ、とどこかからうっすら聞こえてくる気もするが、スポーツを肴《さかな》に飲むお酒は、いろんな責任や関係を背負ってしまった大人たちの舌を思わずなめらかにし、褒めるにせよ貶《けな》すにせよ、罪がなくて旨《うま》いのだ。しかしうっかりどっぷり浸《つ》からないように気をつけなければならない。中継に見入っていると、まるで激闘を自分が戦い切ったような充足感と疲れに襲われてしまうが、実際には何時間もコタツに入ったまま一歩も動いていない。自分の人生の悲喜こもごもと重ね合わせて感動したかもしれないが、本当はその間何とも誰とも戦ってはいない。良いところでテレビを消すに限る。イメージトレーニングは十分だ。ファインプレイを信じて、自分の人生に戻りましょう。

壁また壁

——楕円の風景「読売新聞」2019年10月3日

二〇一九年九月二十二日、副都心線の車内にタータンチェックのスカートを穿《は》いた中年の白人男性がすましした顔で乗っていた。東京から横浜に向かう列車は一駅ごとに緑のジャージーと濃紺のジャージーを着た外国人でひしめき合うようになった。彼らはその日、横浜国際総合競技場で行われるラグビーW杯アイルランド対スコットランド戦を観るためにやって来たお客さんだったのだ。私にとってはこれが初のラグビー生観戦である。

新横浜駅前からの往来はもはや日本じゃないような騒ぎだった。けれど、強豪国同士の一戦前の緊迫感はなく、皆なごやかな笑顔だった。アイルランド国旗の色の帽子のご夫妻が、キルトスカートのスコットランドのおじさんグループと並んで写真を撮ったり。

アイルランド代表は「北アイルランド」と「アイルランド共和国」との連合チームである。アイルランド島は長い間英国に支配され、独立戦争の後に国境線が引かれて分断された。しかしその後も英国領として残った北アイルランド内のプロテスタント系住民とアイルランド帰属を望むカトリック系住民の間で対立が続き、三十年で約三千五百人もの死者を出した。

日本でも何度も耳にしてきた「北アイルランド紛争」だが、私はなかなか実感を持つことができずに来た。同じ島の者同士が、思想や宗教の対立で爆弾テロを起こして殺し合うことへの想像がしづらいのは、私が同じ島国に生きながら、外の国に長く支配されたり、領土が分断されたりした歴史の傷を負わないからだろう。同じ言語や文化を持つ同胞同士で出自の探り合いを繰り返す日常の重々しさは、どんなものだろうか。

しかしアイルランドのラグビー協会は分断後も島のラグビーを統括し続けた。南北で違う国家、宗教、思想の人々が集まり、一つのチームメイトとして固くスクラムを組んできたのだ。痺れるじゃないか。F・マリノス通りでビール片手に肩を組み合う緑のジャージーの人々が、北から来たのか南から来たのかはわからない。けれど日本のスタジアムに集まった彼らが、彼らのチームを応援することを応援したいと思った。

観客動員数は六万三千七百三十一人。ラグビーでは、チームによって応援席が区分けされていない。どちらのサポーターも隣り合い、良いプレーが出れば全方位から地鳴りのような声が轟《とどろ》く。アイルランドが一つになっているだけではない。グラウンドで戦う者を囲む誰もが一つになるのだ。普段野球を観ながら敵チームのエラーで小躍りしたりする自分をふと思い出し、赤面してしまった。

アイルランドは下馬評通り実直で、強かった。ルールさえおぼつかない私にすら、その鉄壁の前にスコットランドが攻めあぐねているのがわかる。

それにしても、なんと観ていて苦しいスポーツだろうか。ボールを抱きしめて、全力で前進しようとするが、阻まれる。前にボールを運びたいのに、パスを許されるのは後方のみだ。進もうとしては行く手を阻まれ、仕方なく後方に下げてまた別の前進を試みる。それでも阻まれる。壁。壁。また壁。常に前を向いているのに、前進するばかりか、結果的にはじわじわと後退させられていたりするのだ。自分が監督する映画のクランクインを目前にして手詰まりを起こしている私は、まるで己の仕事ぶりを見るような気がしてほとほと泣きたくなった。

けれどその苦しさが、ラグビーの魅力のように思う。連合のアイルランドを応援するつもりが、1トライすらできずに終わったスコットランドを好きになっていた。大会が終わる頃には、この苦しくて清々《すがすが》しいスポーツをもっと好きになっているだろう。

鋏のこと

「はさコレ」2020年8月3日更新

チキンソテーを作るのが好きです。

正確には、チキンの下ごしらえでモモ肉の間のスジや筋膜を指先でたぐり、台所用鋏《ばさみ》で一つ一つ断ち切る、あの感覚が好きです。真っ白いスジはまるでシリコンやウレタン製の強靱《きょうじん》なゴム紐《ひも》のようで、また薄い筋膜はオパールのように繊細に輝き、妙な言い方ですが「実によく出来ている」。こんなものが生き物の体内にあるとはねえ、と思いつつ、だけどきっと似たようなものが自分の身体《からだ》の中にも張り巡らされているのだろうと想像すると、チキンと自分自身が地続きにある気がして、ゾクゾクっとするのです。チキンは「チキン」になる前、一羽の生きたにわとりだった。この一本一本のスジも、その筋肉や脂肪を支えるために、全てが微細に役目を果たしていたのでしょう。たとえその一生がケージの中で終始し、生まれてこのかた天日のもとで一歩の運動も許されなかったとしても、その骨や、肉や、腱《けん》は、いつでも表を走り回り、跳ねまわれるように備えて作られていた。いま私が太ももの中のスジの一本でも切られたら、明日からの歩行もままならないでしょう。そう思うと痛々しいはずなのに、容赦なく私はそれをぶった切る。柔らかくて口当たりのいいチキンソテーに仕上げるために。私たちはそういう生き物で、そうやって生きている。そんなことを考えるのは、テーブルについてお皿に載った料理を待つのではなく、生の肉や魚を指や道具を使いながらいじるときだけです。

手触りを感じることの少ない生活になりました。私は田舎《いなか》の家に育ったので、土をいじったり、お茶の葉をむしったり、木の実をもいだり、乾いた幹の皮や、枝葉の棘《とげ》の痛さや、池に張った氷の冷たさや、カエルや昆虫を手のひらに包んだときの感触を覚えながら大きくなりましたが、今では毎日指に触れるのは、平たい液晶板やキーボードがほとんどです。微妙なチューニングをしなくてもラジオもテレビも映画も選べるし、切符を買わなくても電車に乗れるし、誰かと喋らなくても買い物ができ、人と会わなくても会議までできるようになりました。こうして今書いている原稿も、顔も知らない方から依頼を頂いて、書きあがればワンクリックでお届けするのみでしょう。私の手は、もはやほとんど何も触って生きていません。

鋏でものを切るときには、手触りがあります。その感触も千差万別ですが、一度経験すれば味覚や嗅覚に似て、切るものと、切った鋏と、全ての組み合わせをかなり正確に覚えている気がします。同じ台所用鋏で切るのでも、鶏肉《とりにく》のスジと利尻昆布とこんにゃくの袋の口を開けるときとでは全く違う。工作鋏で切る手紙の封。裁ち鋏でしゅうっと裁つ一枚布。散髪用の鋏でざくりとやる前髪。どれもそれぞれの刃先のこすれあう音とともに、手の中に記憶が刻まれています。うちの中にはいくつかの種の鋏があり、鋏で物を切ることが時代とともに少なくなったという実感もありません。生活の中にわずかに残った、侵されざる手触りです。

「きる」とか「たつ」という言葉は鋭く、危険で、また後戻りを許されない緊張感をはらんでいます。実際に、鋏で切った後に「あれまあ」という経験は数え切れず、封筒の口も、布地も前髪も、勢いに任せれば大抵いけないことになっている。物事を失敗なく切ったり断ったりすることは、実に勇気と知恵と先見性とが試される、とても難しいことです。けれどその後戻りのできない危うさと、何かが始まる期待のないまぜになったわくわくが、鋏で物を切るときのあのギャンブリングな感触に満ちていると思うのです。ちょん切れて、せつなく何かが終わり、それが失敗でも成功でも、否応《いやおう》なくその後には何かが始まってしまう感じ。切ってみなければ出てこなかった知恵もある。よく切れる鋏で、ものを切る瞬間が好きです。

夢日記

あの人の日記「すばる」2017年4月号

六月六日

健心が卓球の五輪代表選考を控えている。決勝直前に最有力候補と言われていた選手が棄権したことから、普通に闘えば代表入りは確実と言われている。「健心」とは私が撮った映画の子役の本名で、今は中一の少年である。彼は卓球選手ではない。卓球をやっているという話も聞いたことはない。

試合前、山崎さんが体育館のステージの下でカメラを回す準備をしている。「山崎さん」とは撮影監督であり、テレビドキュメンタリーのカメラマンとしてもおびただしい場数を踏んできた七十六歳である。優勝後に健心がメダルを首からかけて階段を降りて来る瞬間を撮り逃さないようにと、山崎さんはカメラワークをチェックしていた。一度試しに降りてみて、と頼まれた健心は素直にステージから歩いて見せたが、階段を降りきるとそのまま床にうずくまってしまった。

どうしたのかと尋ねると、べそをかきながらもうだめだ、と言う。骨をやっちゃったと。骨？　階段を降りただけで大げさな。まだ子供だな。と思ったら、シューズを履いたその右足の裏からぶっすりとアイスピックが貫通し、針先は天井を向いていた。これじゃ試合に出たって勝つのは到底無理だ。五輪は散っただろう。

「あなたのせいだ」と泣きながら健心は山崎さんを責めた。

戦場で銃口を向けられても、武装地帯でガスマスクをつけながらでもへっちゃらでカメラを回し、分が悪くなれば相手も理屈もおかまいなしにまくしたてる山崎さんが、口をもがれたようになっている。
十三歳の人生を、七十六歳の男が散らし、涙まじりに吠《ほ》えられっぱなしになっているのを、私はどうすることも出来ない。

七月八日
親子をホテルの一室で殺した。
子供はまだ五歳児くらいである。二人ともダイニングテーブルに突っ伏し、首の脇に小さな穴をあけて失血死させられてゆく。私一人でやったのではない。グループでの犯行だ。これより他に手段がなかったのだ。二人とも苦しむ様子もなかったから、罪悪感もない。血の量だけが凄《すさ》まじくて、テーブルの上を伝って床にしたたり落ち、もはや板材の目地にまで染み込んでいる。これではそのうち従業員に通報されるだろう。通報されれば、足がつくのも時間の問題だろう。

七月二十六日
かつて恋人だった男にはすでに妻があり、娘も一人いるのに、すべてを棄《す》てて、すべてを改めるから、またもう一度始めようと言ってくる。十年以上も前から赤の他人になっていたはずなのに、そう言われてみると堪《たま》らなくなる。しかしまた長く暮らしていけば気は緩み、結局元の木阿弥《もくあみ》なのだろう。人の欠点は、関係の弛緩《しかん》とともにあぶり出されてくるものだ。私はまたこのひとに泣かされ、自分もまた驚くほどおろかなことを繰り返すのだろうと思い、躊躇する。私はもう人の変化というものに期待することが出来ないのかもしれない。しかし、堪らないのだ。同じ轍を踏みたくはないのに、どうにも相手の言うようにするしかないような気がする。ふと母の顔が思い浮かぶ。きっと良い顔はしないだろう。その男の妻は思惑を知って怒り狂い、ある晩夜具の中で夫の陰茎の皮をまるまる剝いだ。もんどりうつ男。私はどこかの隙間からそれを覗き見てハッと息を呑む。制裁には、こんな方法もあるのかと驚く。男に妻がいるのか、娘がいるのかも実のところは知らない。

八月一日

朝目が覚めたら、実家が半裸の一家に乗っ取られている。

腰巻きだけのどこかの国の原住民族のようである。肌の色は墨色のように深い。私の家族の姿は見当たらなくなっている。二階の母の部屋、母の座っているはずの座布団に一家の母親らしき女の人がやはり腰巻き一枚で座っており、帰省した折に私が執筆をする居間の座椅子には娘のような女が座っている。

「エクスキューズ・ミー」と言ってみる。

まったく聞いてもいない様子。

言語だとも思われていないのかも知れない。

父はどこだろう。母はどこへやられた。私は自分の家族の行方を尋ねることすら出来ない。私の不安をよそに、彼らはテレビを見たりパソコンを立ち上げてみたり、我が物顔で家を占拠している。だんだん腹が立ってくる。この野郎と思う。言葉も通じない。交渉の余地などないのだと悟った私は、近場にあった木槌《きづち》のようなものを握って振り回し、座椅子に座っていた娘を追い出しにかかる。若い娘はとてもおびえた目をした。

十月二十九日
父と私と兄嫁と、兄嫁のお父さんともう一人の「誰か」とで、クラシックカーに乗ってどこかへ遠出をしようとしている。父と兄嫁のお父さんとは、上機嫌でクラシックカーの素晴らしさについて語り合ったりしている。
が、今まさに高速道路に乗る、という合流車線のところで運転していた父が謎の発作を起こし、ハンドルを握ったまま無茶苦茶な蛇行をし始める。それを見た兄嫁のお父さんが、恐怖からこちらも情緒不安定になり、狭い車内はパニック状態になる。「誰か」がサイドブレーキを引き、ようやく止まって外に出すも、二人の父は二人ともクレイジーな状態で処置なしである。
なんとか「誰か」に兄嫁のお父さんを看《み》させ、私は父の背中をさすりながら、容態を治めようとする。父はもう八十も近い。子供の頃以来触れたこともなかったその背中をゆっくりと撫《な》でながら、こういうことがもういつ起きてもおかしくないのだ、と思う。

十一月二十六日

助監督のサードをやるはめになる。

「助監督のサード」とは、美術小道具の担当をし、カチンコを打ち、テープや鋏《はさみ》の入った腰袋をぶら下げて地べたを這《は》いずり回り、最新式のアプリの使用法から時代劇の作法まで細かい調べ物をして知恵袋のように使われるのに、上司からもスタッフからもうすのろ呼ばわりされ、俳優には無視され、大事な時には「おまえはいいから」と締め出される役どころである。誰でも一作品の内に生気を失い、なぜ生きなくてはならないのかわからなくなったような顔つきになる。映画への愛や憧れも全て失う。私は二十代の頃四年ほどやった末、現場になどもう二度と立つかと思うに至り、一人こもって脚本を書くようになった。

現在の私は監督をやるようになって十五年ほど経《た》ち、体力的にも精神的にも「助監督のサード」など務まるわけがない。もはやカチンコさえうまく打てないだろう。それなのに、なぜか引き受けてしまった。困った。監督の名も知らない。しかしもう現場が迫っている。

合流したのは俳優たちが集まって、脚本の読み合わせをする日であった。

私は当の作品の台本を見るのも初めてだったが、その日居ない俳優の代役で台詞《せりふ》を読むのも助監督の役目なので、とりあえず女優の隣に座って台本を開くが、緊張のあまり、卓上にあった誰かの煙草《たばこ》にうっかり火をつけて吸ってしまい、あんたいったい何考えてんのよ、と女優にこっぴどく叱られる。当然室内禁煙の会議室。煙草はとうにやめたはずだったが、監督という玉座に十五年も腰掛けているうちに、いざという時こんな行動に出てしまう人間に私はなった。若い頃はへっぽこでも今よりわきまえを知っていた気もする。そうこうしていると自分の台詞の番が来る。

〈あなたの言葉で傷ついていたのは彼女のほうよ。ねえ、わからないの？　彼女ずっと真剣だったのに！〉

ギョッとするほど下手《へた》。ちょっとタイム。台詞もまずいんじゃないですか、と言いそうになるが書き換えられる立場にもない。気の動転を繰り返しながら、その後もへどもどと台詞を読む。私の名字は「ニシカワ」だが、「ニシダくん」などと間違えられたりもする。しかしそんなことより、実を言うと私は自分の監督作の編集が明日から始まるのである。編集スタッフも、助手も待機している。それなのにこんな場所に来てホン読みをし、これから怒濤《どとう》のような現場にも参加せねばならない。いったいどっちをどうするつもりだろう。何と言って弁解すれば良い？

十二月二十二日

夢に見るほど恋をしている。

ようやくにして枕を並べた相手に、

私のことを、どう思ってた？

と甘えた気分で尋ねると、

別に。フツー。と返される。

一月二日

「滑舌が悪い人間のことを笑う風潮がありますが、近ごろそれはむしろ聞く側のヒアリング力の低さにすぎないという発想に取って代わられつつあるんですよ。海外で外国語が聞き取れなかったり、縁遠い業界に踏み込んだ時に専門用語が飛び交っていたりすると、人は相手をバカにするどころか、圧倒され、自分自身に劣等感や疎外感を感じるでしょう？ということで、ぼくらの発想としては、あえて相手のヒアリング力の追いつかない、聞き取れないような喋《しゃべ》り方を鍛え、目の前の相手の優位に立つというスピーキングを目指そうというものなんですよ」

会社の新人募集で応募してきた学生が、自分が立ち上げたというサークルについて自信満々に語るので、私は尋ねた。

「どんな喋り方？」

「私は、◎△％＄＠＃◇￥×♪◎□♭です」

学生はひどい滑舌ですごく早口だった。

「何だ。何つってる？」

「こっかこーあんいーんかいこーほーこーこくけんきゅーかこかどけんきちです」

「コッコ……」

「違う！　もう一回言いますよ。国家・公安委員会・広報・広告研究課・古角・健吉・です」

「ふうむ」

「ね？　自分を頼りない存在だと思いませんでした？」

「ふうーむ」

二月三日

兄の旧《ふる》い友人でアートディレクターのウシロ君は、青山に三軒も事務所を構え、瀟洒《しょうしゃ》なマンションに家族と住んでいる。真っ白に統一された事務所には有名なアートがいくつもコレクションされており、普段シビアな広告ビジネスの中で生きているウシロ君は、「映画はアートなんだから」と言って私の映画のタイトルデザインやポスターや予告編をろくな儲《もう》けもなしに請け負ってくれた。年に幾度か、値段を訊《き》くのも怖いような寿司《すし》屋やバーに連れて行ってくれては「来世は俺の先輩に生まれてきてくれ」と言って、こちらに財布を開かせたことがない。ワンショット二万円もするテキーラを奢《おご》ってくれたこともある。

私は風呂も便所も玄関も共同の、六畳一間三万円のアパートに住んでいる。ある日襖《ふすま》一枚隔てただけの隣の六畳にウシロ君が一人で越して来た。コーヒー色をした畳の上に、いいじゃんいいじゃん、と言いながら入って来たウシロ君になぜ越して来たのかと尋ねると、いや俺も一人で考え事する空間が欲しくてさ、と言った。

「こりゃ夢だね」と私は暴いた。

蕎麦屋ケンちゃん失踪事件

「MONKEY」2020年春号

「まいど福部庵《ふくべあん》です」

夜九時。インターホンのモニターに映ったのは、二時間前に配達に来た蕎麦《そば》屋のご主人ではなく、おかみさんの方だった。

「ごちそうさまでした。丼、足元に置いてます。郵便受けの下」

「奥さんですか？　すみませんが、ちょっと表に。ちょっとだけ」

スピーカー越しに私の声だと察知した福部庵のおかみさんは、周囲を見回し、声を潜めた。ひょっとして誰かが空の丼に悪さでもしたのだろうか。ずいぶん前の話だが、入口の集合ポストの中にジップロックに入った人間のうんちが、二週間、毎日郵便で届いたことがあった。「人間のうんち」かどうかを鑑定に出したわけではないが、封を開けるたびに前の日に食べた物の繊維質や、色や硬軟に差があり、実に人間的だったのは確かである。中に一日だけ届かない日があって、具合でも悪くしたかと気がかりにもなったものだ。なぜなら送り主は私たちの見知らぬ相手ではなく、むしろ数ヶ月に亘《わた》って昼夜なく追い回し、聞き耳を立て、片時として目を離さなかった人物なのである。横浜の一軒家で妻子と犬と暮らしていた一流企業の広報課長が二年半睦《むつ》み合った社長秘書室の女子社員と別れる羽目になり、家では立場がなくなり、会社でも閑職に追いやられたのは、私たちがその浮気現場を突き止めたせいだ。郵便受けから毎日他人のうんちを取り出すのも気が滅入《めい》るが、こんなものをせっせと包んで送る方も、よほど追い詰められていると思った。二週間を過ぎたころ、「あなたですね」と電話をかけると、あっけなくピタリと止《や》んだ。きっと相手も止めてくれるのを待っていたのだ。靴底をすり減らして必死で仕事の成果を出したあかつきに、そんなふうに他人の人生を壊し、恨みを買うことも珍しくはないのが私たちの生業《なりわい》だ。人の背中もついて歩くが、自分の背中も気にはしている。けれど馴染《なじ》みの蕎麦屋の丼にまで悪さをされては困る。

あわてて階段を降りてエントランスに出てみると、おかみさんは白いヘルメットのままおかもちを持って私を待っていた。丼は何事もなくその中に収められていたようでほっとした。

「すみません、お会計、間違ってました?」

「いいえ。それは主人が確かに頂戴《ちょうだい》して戻りました」

「何か、ほかに――」

「実は一つ、奥さんに聞いていただきたくって」

十五年前に夫がこの街に探偵事務所を開いた当時は、踏切を挟んで三軒ほど似たような店構えの古びた蕎麦屋があったが、店主の高齢化で二軒はいつのまにか表に暖簾《のれん》がかからなくなり、今ではうちから一番近くの福部庵だけが残った。特別おいしくもなく、まずくもなく、安定の「それなりの味」だった。「福部庵でいいね?」という号令がかかれば、メニューも見ずに夫は鴨《かも》南蛮と小カレー、私は鴨せいろ、朴《パク》くんは大盛りカレーと小たぬき蕎麦、事務のゆきちゃんは鍋焼きうどん。バイクで配達に来るのは、七十がらみの頭の禿《は》げ上がったご主人か、一人息子のケンちゃんと決まっていた。おかみさんがやって来たのは初めてだった。

「賢児《けんじ》が家を出たきり、帰ってこないんです」

おかみさんは思いつめた表情で切り出した。

「ケンちゃんが？　いつからですか」

「もうふた月前」

「警察に連絡は？」

「それもちょっと大げさかと思って。あの子もあれで一応、成人してますし。それに――」

そう言いかけた時に、エントランスの自動扉から出て来たお隣の行政書士さんが私に挨拶し、おかみさんは口をつぐんだ。今日はご主人にも内緒で相談に来たと言うし、近所の主婦同士の身の上話を聞くつもりで、事務所には上げずに通りの向かいの喫茶店へ誘った。


おかみさんが言うには、ケンちゃんはかつて「ちょっと良くないところ」に巻き込まれて前科をこしらえたことがあるのだという。

「良くないところ、とおっしゃるのは」

「大きな声では言えないんですが、いわゆるあの……ヤクザ屋さんみたいなとこ」

「あのケンちゃんが？」

私が思わず声を上げると、おかみさんはテーブルの上にあった私の手を大福のような手のひらでぎゅっと握ってきた。

「お願いしますよ奥さん。昔の話なんですから。けど今ほどうるさく言われないころはうちだってああいうとこにも随分贔屓《ひいき》にしてもらって、出前だってしょっちゅう行ったんです。けどほんとに昔の話ですから」

「お互い様じゃありませんか。ちょっと前まで客商売ならみんな、当たり前でしたもの」

実はうちの夫だって似たような出自なのだということは言わずに、にっこり笑って湿り気を帯びた白い大福の手を握り返してやると、そうですか、とおかみさんは少しだけ安心したようだった。市民はか弱く、傷つきやすい。

「賢児もよく出前に出てたんですけど、いつの間にか事務所の人たちにお小遣いもらったり、ボクシングを観《み》に連れて行かれたりして、やめときなさいって言うんだけど、ああいう子ですからね、良いも悪いも、怖いも何もありゃしないんですよ。そのうちあの子よりも若い、下っ端のチンピラみたいなのが、もうここに居たって首も回らないって、例の、電話をかけて年寄り騙《だま》すようなことに賢児を引っ張り込んじゃったんですよ」

「オレオレ詐欺？」

「そっちの方が儲《もう》かるからお前こっち来いっつって」

「でもケンちゃん、どんな役をやるんです」

「もちろん電話口でうまいこと言えるわけもないですから、人から言われた通り銀行でお金を引き出すだけの役回りですよ。うまくいけばおだてられて、一万か二万もらって、満足するんです。使い捨てですよ。で、出て来たところでおまわりさんに囲まれちゃった。

でもわかるでしょう、奥さん、うちの子はああいう子なんですから」

ケンちゃんには障害がある。平均よりもＩＱが低いのか、それとも近頃しきりに取りざたされる発達障害の一種なのか区分は知らないが、何かが普通と違うことだけはどんな人にも一目でわかる。挨拶もするし、お蕎麦の配達も会計もきっかりできるが、ちょっとしたしぐさが人の目に留まるのだ。指先が絶えずひらひら動いていたり、こっちがお財布から小銭を出している間も、つま先で立って、じっとしていない。うちの夫は出前でケンちゃんが来ると嬉《うれ》しそうで、「ケンちゃん、一服してけよ」などと言って、自分はやめたタバコとオロナミンＣを差し出して座らせる。ケンちゃんも言われるままにソファに腰を下ろし、「暑いな」と言われれば「暑いですね」、「忙しいだろう」と聞かれれば「忙しいですね」と、蕎麦をすする夫のおうむ返しをしながらのんびりタバコを根元まで吸い、オロナミンＣを一気に飲み干してしまうと、「あでぃがとうございました、またお願いしまーす」と、少しもたつく呂律《ろれつ》で挨拶をして帰って行く。夫へのおうむ返しを除けばおよそ口数も少なく、大した会話にはならないが、ごくたまに妙に気になることを言い放つこともあった。夫のいないある晩のこと、三人で出前を頼んだら、ケンちゃんは会計を済ませた帰りがけに、奥さんは体重が増えましたね、と不意に言って来た。朴くんもゆきちゃんも居る前で私もバツが悪く、そうかしら、近ごろ体重計に乗っていないのよ、とこたえると、「前来た時よでぃも、約２キド６００グダム増えています」と断言した。二人に「私太った？」と訊《き》いても、ヘラヘラはぐらかすだけだったが、家に帰って体重計に乗ってみると、三十代からずっと変わらないままだったはずの目方が、確かにそのくらい増えていた。

いつやって来ても素直で機嫌が良く、それでいて客商売らしい慇懃《いんぎん》さもお愛想もなく、まるで六つか七つの子供の純朴そのものだ。子供ならば会うごとにこましゃくれたり無愛想になったりもするが、ケンちゃんは十五年、ピーターパンのごとく変わらない。けれど私はオロナミンCを飲んでいるケンちゃんからは、いつも思わず目をそらしてしまう。痩せた首筋から突き出た喉仏には青黒い剃《そ》り残しのひげがまばらに顔を出していて、それが喉を鳴らすたびにニキニキとうごめくのが、そこだけ怖いくらい大人のように見えるのだ。


あのケンちゃんがヤクザに使われたり半グレになったりというとふしぎなようでふしぎでもない。ああいう人たちは社会からはみ出た人を歓迎するし、ケンちゃんは人に言われるままのことをし、もらえるものはみんなもらってしまう。逮捕後は起訴されたが、初犯であるのと「犯罪に加担している」という認識すらない軽度精神遅滞の事情を汲《く》まれ、裁判で執行猶予がついたそうだ。


「では、今度もまたそういう悪い仲間のところに行ってるんじゃないかと」

「いいえ、今度は悪い女なんですよ」

「悪い女？」

「自分の産んだ子供を賢児の子だと信じ込ませて、そのまま金づるにして引っ張り込んだんですよ！」

事が発覚したのは、数ヶ月前から店の売り上げの計算が合わないことが増えたからだ。夫婦の営む店で金を持ち出すとすればケンちゃんの他におらず、問いただしたら「子供がいるから金がいる」と素直に白状した。聞けば最近生まれた子でもなく、「はなちゃんは、19キドド400グダムです」とのことだった。かつてケンちゃんと関係があったというその女性はたった一人で出産、育児をしてきたが、「はなちゃん」は重い心臓の病気にかかっていて治療費がかさみ、助けてあげなければいけないと、もっともらしいことを言うのだそうだ。

「その女性とはいつどこで知り合ったんでしょうね」

「それが悪びれもせず、『出会い系だよ』だなんて言うんですよ。出会い系って何だかわかってるのか、と聞いたら、『メールしたら会ってすぐやらせてくれるんだよ』なんて、主人の前でも平気で言うんです。もう頭に血が上って、ひっぱたいてしまいました。奥さんだから言いますけど、賢児は私の連れ子なんですよ」

おかみさんは今のご主人とは二度目の結婚なのだそうだ。ケンちゃんを出産後、初めの夫はギャンブル依存と暴力がひどくなり、四つの時に二人で家を出た。母子寮に入って昼夜働き、女手一つで生計を立てていたが、離婚して十年近く経《た》ったころ、当時パートで働いていた福部庵の先代店主が亡くなり、残された夫人からの頼みもあって、二代目を継いだ長男と籍を入れたのだそうだ。父親の下で日がな一日そば粉を打ったり茹《ゆ》でたりしてきた二代目は結婚歴もなく五十路《いそじ》になっていたが、「何にも言わずに賢児を受け入れてくれて高校まで入れてくれて」おかみさんは頭が上がらないようでもある。

「うちの子が清廉潔白とは言いません。自己管理だって、人並みじゃないでしょうから。でもそうならそうで、お前の親としても責任があるんだから、その女の人とお子さんを連れて来て、きちんと紹介しなさいと賢児を諭したんですが、はい、じゃあそう言って来ます、と言って出てったきりになっちゃったんです。どこで寝泊まりしているのかもわかんない。女の名前は『とも』なんて呼んでましたけど、本名も、連絡先もわかんない」

「ケンちゃんは、ご両親に問いただされて、思い詰めた様子はなかったですか？」

「どうして？」

「申し上げにくいですが、ケンちゃんに自殺の兆しは見えませんでしたか。ほのめかすような言葉とか、遺書めいたもの」

「ないないない。そんなに物事を重くは受け止めないんです。それがあの子の取り柄ですから。ちょっとお姉さん、お冷のお代わりくださいな」

自殺という言葉におかみさんが動じる様子はないようだった。

「だとしたら、さほどご心配なさらなくても。若い男女のことですし。二人にしかわからないこともありますから」

「それがどうも二人じゃないんですよ。もう一人、『あきらっち』とかいうやつが同居してるらしいんです」

「誰ですって？」

　ケンちゃんの説明によれば、「あきらっち」は「とも」の弟で、母子の生活を助けるために毎朝パチンコに並び、いっしょうけんめい頑張っている、というのである。福部庵の夫婦の見立てでは「十割方その女の夫、ないし情夫」。なるほどケンちゃんはこの男女に操られて金づるにされていたと見るべきかもしれないが、そうだとしても蕎麦屋を飛び出した今、収入源を断たれたケンちゃんを騙して同居させておく価値はあるのだろうか。

「別に女の人に騙されたって、ままごと遊びをしてたって、いいんです。だけどこれまでまともに外で働いたこともないのに、無理やりお金を工面しようとして、また妙なところに首を突っ込んでないかと思うと、いても立ってもいられなくて。あの子、まだ執行猶予が明けてませんから。何かやったらもう次はないですから」

　そう言って、まん丸い胴体に巻きつけたウエストバッグの中から細長いタバコを取り出して、口にくわえた。

「おかみさん、スモーカーなんだ」

「こんなことになって、始まっちゃったんですよ。煙、大丈夫？」

「ええ、ではあたしも失礼します」

　しかしタバコは事務所に置いて来てしまった。おかみさんは自分のメンソールを私に差し向けて、慣れた手つきで火をつけてくれた。ひととき二人とも黙って、長い煙を吐き出した。コーヒーも二杯目のお冷も空になっていた。先々どう手を打つかはさておき、いまケンちゃんがどこにいて、どんな生活を送っているのか、「とも」「あきらっち」「はなちゃん」とは何者なのかを調べることを約束し、費用もかさむので調査のことはご主人にも了承を得てほしいとお願いして、おかみさんには帰ってもらった。

二週間後。

【阿部賢児さんについての調査報告】

賢児さんが持って出ていたという本人名義のキャッシュカードの引き出し記録によれば失踪直後から西武新宿線沼袋駅付近のコンビニATMを使用しており、駅付近を張り込みの結果、本人を発見。寄宿先、同居人などを特定しました。現在も以下の住所に寄宿中。

住所：東京都中野区沼袋二丁目●番●号　コーポ吉岡102

世帯主：木下友美（きのした・ともみ）（24）

週三回〜五回ほど中野区中野のキャバクラ店「ルビーキャッツ」、および新宿区歌舞伎町の風俗店「どろんじょ娘」に勤務。茨城県ひたちなか市出身。

同居人①：木下花丸（きのした・はなまる）（5）

男児。友美の実子と思われますが、日中は保育園にも幼稚園にも通わされておらず、唯一、毎土曜日午前に同区内のスイミングスクールに通っています。友美は、中学・高校と水泳部だったようです。

同居人②：沼田明（ぬまた・あきら）（21）

友美の勤務先・中野のキャバクラ店のボーイ。二年ほど前に千葉県木更津市から上京し、実家には両親と弟が暮らしています。姉は存在せず、友美との血縁関係はありません。勤務先の同店で友美と知り合い、交際歴は約半年。以前は店舗内事務所に住み込んでいたが交際後は友美宅に入り浸るようになりました。昼間はパチンコに出かけることが多いようです。

キャバクラ店の女性従業員に聞き込んだところ、友美は高校卒業後上京しましたが、十九歳で花丸を出産し、一旦は実母が住む茨城の実家に戻りました。しかしかねて母親は友美と折り合いが悪く、育児にも協力的ではなかったので、再び上京して現住所に居住。中野・ルビーキャッツ勤務は二年八ヶ月になり、沼田明以前にも客を含め幾人かの男性と交際したようですが、いずれも花丸の父親とは異なり、周囲には「子供を邪険にするから別れた」などとも話していたそうです。実父について詳しい関係者はおらず、また、賢児さんの存在を知っている様子もありませんでした。花丸と賢児さんとの血縁関係の有無は不明。

賢児さんは明の紹介で六月中頃から「新栄総合警備」という会社に登録し、現在週五日から七日、日勤でほぼ休みなく働いています。主に都内各所の道路工事の交通整理など。

夕方六時ごろ友美宅に帰宅しますが、入れ替わりに友美は出勤して行く。アパートに戻った賢児さんは、花丸と二人で食事をしたり、テレビを観たり、風呂に入ったりして過ごしています。午後九時前後には就寝しますが、深夜二時から四時ごろに友美と明が帰宅すると、賢児さんはアパートの外に出され、その後は漫画喫茶やファミレス、コンビニのイートインスペース、ロータリーのベンチなどで時間を潰《つぶ》したり仮眠したりし、早朝の勤務に向かっていました。

花丸が特定の病院に通院した様子はなし。友美が在宅中（就寝中？）の日中には、アパートの表に出て一人で遊んでいることもあります。また、毎土曜日にはスイミングスクールに通っており、五歳児にしてすでにクロール、バタフライ、背泳ぎをマスターし、飛び込み、クイックターンを交えての五十メートル自由形では、同スクールの小学校二年生よりも速いタイムを記録。重い心臓病で病床に伏している様子は見受けられません。

友美宅の窓は常にカーテンや雨戸が閉まったままになっており、中の様子を視覚的に記録することは困難でした。当社の調査スタッフは全員賢児さんと面識があるため、外部のアルバイトに三度ほど訪問させましたが、いずれも居留守を使われました。会話のやりとりを聴取したところ「ケンケン」「はなちゃん」と互いを呼び、録画したアニメや戦隊モノを一緒に観たり、食事を与えたり、よく面倒を見ている様子です。

警備会社からは六月二十五日に最初の給与が支払われ、賢児さんは三日後の六月二十八日にＡＴＭから全額を引き出しました。また翌七月二十五日付で二度目の支給があったのち、翌日中には再び全額を引き出しています。「新栄総合警備」は反社会的組織のフロント企業とは見受けられず、反社組織と賢児さんとの金銭的な関わりは確認されませんでした。現時点で、賢児さんが犯罪的行為によって収入を得ている可能性はなく、主に友美、明の留守中の花丸のベビーシッター的な役割を担わされているようです。以上。


「花丸——全く、どういう趣向でそんな名前をつけるのかね」

「可愛《かわい》いじゃない。もっとおかしいのが世の中いっぱいいるわ」

「頭が悪そうだね」

「はなまるがもらえるんだから、その逆でしょ」

夫は、私のレポートを応接テーブルの上にぞんざいに放り出してジムに出かけてしまった。可愛がってきたケンちゃんについての依頼が、自分ではなく私にこっそり相談されたことが面白くないのである。

ほどなくして福部庵のご夫婦がやって来て、私と朴くんが写真や動画を見せながら一連の事情を説明したが、おかみさんは途中からしきりに目元を手でぬぐい、まともに見られないようでもあった。夫婦の見立ても半分当たっており、半分は外れていた。ケンちゃんを擁する男女が姉弟《きょうだい》であるというのは虚偽で、子供の心臓病も虚偽。しかし「はなちゃん」は娘ではなく息子、ケンちゃんがATMから引き出していたのは老人に振り込ませたお金ではなく自ら汗して稼いだ賃金、という結果であった。

「かわいそうに、いいようにこき使われて。体は大丈夫なのかしら」

「見た限りでは、ロータリーの植え込み前でも気持ちよさそうに寝転がって熟睡してました。現場ではしょっちゅう怒られてますけど声も良く出して働いていますよ」

ケンちゃんに一番長時間張り付いた朴くんが淡々と答えた。

「かわいそうに、くたびれ果ててるんだわ。一体どんなものを食べてるんでしょう」

「昼はコンビニ弁当ですね。夜は、チェーンの中華や弁当屋でテイクアウトして、花丸と一緒に食べてるようです。あと、毎日必ずセブン‐イレブンのもずくを買いますね」

「かわいそうに、もずくが好きなのよね」

おかみさんにかかれば何でもかわいそうなのであった。

「しかし、ことによっては立派な犯罪ですよ」

いつの間にか帰って来ていた夫が戸口に立ったまま口を挟んだ。ジム行ったんじゃなかったのかよ。

「もしこの息子が赤の他人の子だとしたら、詐欺罪で刑事告訴できます」

夫婦はいきなりの現実的な言葉に体を硬くした。けれど子供に血の繋《つな》がりがないにもかかわらず、ケンちゃんから金銭を巻き上げ、また育児を手伝わせるのを目的に友美と明が故意に嘘《うそ》をついていたとすれば、夫の言う通りである。

「息子のDNAを採取して鑑定に出し、親子でないという結果が出れば証拠になります。この連中に刑事罰を科すこともできるし、これまでの被害金額を請求することもできます」

抜け目ない。夫はこの善良なご夫婦に、さらなる追加依頼のメニューをお勧めしているのである。

「でも、もしかするとほんとに賢児の子かもしれない……」

これまで頑としてはなちゃんとケンちゃんの血の繋がりを認めようとしなかったおかみさんが、急にトーンダウンした。悪事に巻き込まれた人の多くは、それを認めたがらない。多少の傷を負ってでも、なかったことにして自らを忘却に導く方が気楽なのだ。これまでとくに激しく誰かを憎んだり恨んだりすることもなく、まるく穏やかに生きてきた市井の人が、ある日突然他人を敵として定め、警察や司法と交わりながら長い時間戦っていくことはたやすくない。自分自身のことを、他人に騙されたり、奪われたり、傷つけられたりした、まぬけで不運で哀れな人物であると認めなくてはならないのも、またひどく辛《つら》いことだ。

「その時は、現実を受け入れるしかないですね。この若いバカ二人に話を盛られて貢がされてるのは腹立たしいけど、考えようによってはこれでケンちゃんも見事に自立したとも言えますよ。これまでご両親の庇護《ひご》のもとで蕎麦の給仕と配達だけやって来て、実家の外ではとても生きていけないと思われてきたケンちゃんが、その気になればここまでできる。俺はちょっと感動しましたけどね。それに見てくださいよ、この子の泳ぎを」

パソコンの液晶モニターには、私が保護者を装って撮影しに行った土曜日のスイミングの映像が映し出されていた。プールに飛び込んだ小さな水中眼鏡のはなちゃんが、一定のリズムで細い両手を掻《か》いくり、大きく口を開けて息を吸っては、少しずつだが、確実に前に進んでいく。

「まるで全身で人生にかじりつこうとしてるみたいじゃありませんか。ほんとか嘘かはさておき、ケンちゃんは自分がこの子の親だと思い込んでる。自分の存在がこの子の生命線に他ならず、なんとかしなきゃならんと責任を感じてるんでしょう。ケンちゃんはいま、これまでになく幸福で、生きる力に満ちてるんじゃありませんか」

無理矢理にでも自分が舞台の中央に出張ってきて、大団円で終えようというやつだ。どうにも隅っこで大人しくしておくということができないらしい。さっきまではなちゃんの名前をバカにしてたくせに。

「仰《おつしや》る通りかもしれません。ぜひ、そのDNAというのをやってみてください」

そのとき初めておかみさんの隣に座っていたご主人が口を開いた。

十五年この街にいて、店での挨拶や出前のやりとり以外でこの人の言葉を聞いたことがなかったことに気がついた。思っていたよりも、はるかに明瞭で、力強い口ぶりだった。

「別に詐欺を告訴して、どうこうしようってわけじゃありません。血の繋がりなんてものも、正直私はどうでも構わないんです。賢児も実の子じゃありませんが、可愛いと思ってまいりましたしね。だけどこうして見てるに今のままじゃこのお子さんにとって、あまりに環境が悪いでしょう。もしほんとに賢児の子だとして、若い母親に育てる力がないんなら、私たちがやっぱり力を貸してやりたいと思うんです。賢児も半ば宿なしで、このままじゃ未来がなくて、とても人の親にはなっていけない。いまの彼氏のこともあるから一筋縄じゃいかないのはわかってますが、赤の他人が乗り込んで行っちゃあれだけど、血の繋がりが証明されれば申し出る権利もあるんじゃないかと思うんですが」

「わかりました。ならば何《いず》れにしても、鑑定に出してみて悪いことはないでしょうね。多少手間取るかもしれませんが、責任を持ってお引き受けします。しかし、ご主人には恐れ入るね。人間の器が違うというのか、自分が恥ずかしくなりますよ」

夫はすっかりご機嫌である。ううう、とおかみさんは背を折り曲げて泣き出してしまった。ケンちゃんと一卵性母子のようにして生きてきたおかみさんが、この展開をどんなふうに受け止めて泣いているのか、私にもよくわからない。

「チイコ。アスファルト熱くてごめんね。今日こそ決めるから」

午後四時。業者から取り寄せたDNA採取キットをポケットに忍ばせて、ジャージ姿の私は八歳の豆柴《まめしば》・チイコを連れて朴くんのバンから降りた。先々週の土曜日、スイミングスクールの帰りに外食して戻って来た友美と明とはなちゃんと、私とチイコは接触した。明の実家ではシーズーが二匹飼われており、明の犬好きは調査済みだった。三人とすれ違いざまにチイコのリードを緩めると、ちょこちょこ駆け寄ったチイコを目論見《もくろみ》通り明がかまってくれた。友美が私に警戒する気配はなく、完全に町内のお散歩おばさんだと思われている。はなちゃんは立ったまま体を少し強張《こわば》らせたが、私が「こわい？　でも噛《か》まないよ」と伝えると、「こわくないっしょ。チョーかわいーじゃん」と先輩風を吹かした明にも促されて指先でぎこちなく頭に触れた。その後、平日夕方四時ごろ、家の前で縄跳びをしていたはなちゃんに、「また会ったねー」と三度ほど接触。出勤前で家の中にいる友美に気づかれないかと肝を冷やしたが、はなちゃんはもう怖がらず、チイコの喉や耳の後ろを撫《な》でた。そっとジャーキーを三本手渡すと、朝飯を抜かれていたチイコはそれを貪《むさぼ》り食い、はなちゃんのちいさな手のひらをベロベロと舐《な》めた。――チイコ、あんた、はなちゃんのこともう好きよね？　よし。決行。

アパートの窓は今日もぴったりと閉められている。中から見られている気配はない。私ははなちゃんに接近し、いつものようにリードを緩めた。

「こんにちは。今日もなでなでしてくれる？」

私の声が震えて、空々しく上ずっている。はなちゃんは腰を下ろして、駆け寄ったチイコに触れた。今しかない。ほれ！　チイコ！　あんた、はなちゃんが好きだろ！　好きだ！　好きなら、ほれ、ほれ！　……するとチイコが、はなちゃんの口元を、無遠慮に舐めまわした。この千載一遇の機を逃したら、探偵失格だ。

「もーチイコ～、ベロベロ舐めないで～。ちょっと拭こうね」

平静を装い、私は採取キットの綿棒を包んだハンカチをはなちゃんの口元に当てると、「あれあれ、お昼の食いだれが付いてるぞー」などと言いながらちいさな唇を手で開き、綿棒の先を口腔内にねじ込んだ。粘膜採取完了。

あとはもう、はなちゃんの面前もはばからず、慎重に綿棒をケースに保管し、ポケットにしまう。全身の筋肉が、弛緩《しかん》していく。

「ベタベタしてごめんね。もうきれいになったからね」

「舐めてもいいよ。こわくない」

はなちゃんは言った。

仕事は終わった。あとはキットを鑑定業者に送るだけだ。おそらく私とチイコがはなちゃんの前に現れることはもうないだろう。朴くんも、見える位置にバンを回している。行かなくちゃ。

「またジャーキーやる?」私が言うと、はなちゃんは頷《うなず》いて手を出した。パクつくチイコを撫でる手つきも、すっかり慣れて優しくなった。もう行かなくちゃなのに。「ここを撫でると気持ちいいんだよ」とはなちゃんが物知り顔で額の真ん中の溝を指先でなぞると、チイコは目を細めてされるままになっていた。ほんとだね、犬はそこが気持ちいいんだね。おばちゃん知らなかったよ。視界の先で朴くんが、私を煽《あお》るようにパッシングをした。だけど何も知らないはなちゃんは地べたに座り込んで、もう二度と触れることのないはずのチイコの額を、そうとは知らずにのんびりと撫でている。行かなくちゃ。だけど私はそれが言えずに、いつまでもチイコを撫でさせていた。はなちゃん。あんたに罪はないのにね。おばちゃん、自分の仕事が嫌になるよ。

「あーあ、めちゃ混み。ていうか奥さん、何で泣いてるんですか」

朴くんが運転しながら不思議そうに尋ねた。

「ケンちゃんがはなちゃんと離れることになったら、かわいそうよ」

「どっちが？」

「どっちも」

私の指先には、さっき無我夢中で触れた、すべすべのほっぺたやゼリーのような唇の感触が、しつこくこびりついていた。あんなもの、触っちゃ毒だ。六時台でもうすっかり日は落ちて、前にぎっしり詰まったテールランプが溶けて滲《にじ》んでいる。もう秋が近い。


しかしDNAの鑑定結果が送られて来る前に騒ぎが起こった。「あの、バカ夫婦！」と夫は電話を切るなり吐き捨てた。

私たちにDNA採取と鑑定を頼んでから、日ごと二人でよもやま話し合ううちに、いつの間にか夫婦の中では「花丸は我らの孫」という妄想が定着してしまった。口内粘膜採取作戦に要した二週間、業者の鑑定にかかる三週間の間にも、灼熱《しゃくねつ》の東京のどこかでひたすら赤色灯を振るケンちゃんと、昼間も薄暗い家の中で眠り続ける母親と情夫のそばでつくねんと座り込むはなちゃんを想像するにいよいよ辛抱ならなくなったのか、私たちに断りもなく友美のアパートに夫婦で乗り込んでしまったのである。

うちの息子の子供ならば、力を貸します、といきなり申し出られて、遅い午後にやっと起きたばかりの友美は半裸の恰好《かっこう》のまま面食らった。

「え、つか誰ですか?」

友美の背後の散らかった部屋でテレビを観ているはなちゃんを初めてじかに認めたおかみさんは感極まり、「花丸や……」と泣いたかどうかは知らないが、夫婦は初対面の友美相手にあなたもまだ若いのだし、こんな暮らしをしてちゃいけないから、子供は私たちに一旦任せなさい、などと説得にかかった。

それに対し、友美は「違いますよ。はなはケンケンの子なんかじゃないし。帰ってよ」といきなり居直った。「都合のいいことばかり言うな!」「花丸や!」と三人は玄関口で小競り合いになった。

「いい加減にしてよ、警察呼びますよ!」

「呼んでみろ! 親子じゃないなら、あんたたちのやってることは詐欺だぞ」

「だからお金は返すしケンケンにもう会わないから、帰ってください」

「賢児がいなくなったら、その子をどうしていくつもりだ。今よりもっといい加減なことになるだろ。そのうち子殺しをやるぞ」

「わけわかんねーし! 他人がガタガタうるせーんだよ」

「許しゃしねえぞ。親ならしっかりしろ!」

「花丸や! こっちへおいで」

そうやってもみ合っているところへケンちゃんも仕事を終えて帰って来た。「賢児、帰ろう。はなちゃん連れて、帰ろう」「それ、誘拐だしーッ！」——結局近所の人に通報され、警察署で事情聴取される始末となったのである。

友美曰《いわ》く、「血縁はない……はず」。夫妻曰く、「絶対に賢児の子供だ。まつ毛がそっくり」。

警察は、詐欺の被害届を出されれば、捜査を始めますが、と持ちかけたが、夫婦は「いいえ、この女は嘘をついているんです。花丸は息子の子供です。DNA鑑定の結果が出ればわかります」と譲らなかった。

「だったらこれは詐欺罪にはならないですよ」

「ええ。私たちは、親権を争うつもりです」

警察の面前でご主人は我が社に電話をかけ、「鑑定結果は一体いつ出るんですか」と催促してきたというわけである。署内で福部庵夫妻や友美や後から駆けつけた明が様々なことを尋ねられ、各々の言い分を語っているそばで、ケンちゃんとはなちゃんが一体どうしていて、何を思っていたかは想像するほかない。

その十日後にDNA鑑定の結果が送られて来た。父性確率は0パーセントであった。

ケンちゃんは、はなちゃんの父親ではあり得なかった。

友美カップルによる詐取は十分に悪質だし、起訴されれば裁判で実刑判決が下る可能性もあるが、母親が投獄されて五歳のはなちゃんが残されるのは不憫《ふびん》でもある。許しがたい犯罪ではあるけれど、被害届を出さない代わりに友美には賠償金を支払わせ、示談の条件としてはなちゃんの預かり先や保育施設を福祉に相談することを約束させてはどうかと福部庵夫妻を説得した。

ケンちゃんが家族を作り、自分たちに孫ができるなどという未来を、夫妻がこれまで夢見たことはなかっただろう。それだけに、いきなり降って湧いたような真夏の夜の夢に、慌てふためき、つんのめった。考えてみれば友美も郷里の母親と絶縁状態で、ほかに寄る辺もない存在なのだから、事が丸く収まれば、一家でたまにははなちゃんを預かったり、付かず離れずの付き合いを続けるという和解もあるのではとも話してみたが、夫妻は、夢を見たことそのものを恥じ入るかのように、身を縮めてしまった。


夜中に灯《あか》りの消えた寝室に入って横たわると、隣のベッドから夫が尋ねてきた。

「夫婦に大谷弁護士紹介した？」

「うん、来週引き合わせに行く」

「悪い結果じゃなかったと思うよ。御苦労さん」

目を瞑《つむ》ったが、頭の芯がまだじんじんと熱いようだった。エアコンの温度を二度下げた。

「とにかく二人とも十五歳くらい老け込んだわ」

「開けてくやしき玉手箱、か。桃太郎みたいに、鬼退治して可愛い宝を連れて帰れると思ったのにな」

「めでたしじゃなかったわね」

「ケンちゃん、大丈夫か」

「きっとショックよ、ケンちゃんだって」

「たいしたことないだろ、ケンちゃんだから」

「なんでそんなこと言えるのよ」

「そういうことにしとこうぜ。考えだすときつい」

夫がタオルケットを引き寄せてかぶる音がした。

あたしも、歳《とし》をとってまた大きな夢を見たりすることあるのかな。あったらいやだな。もう夢を見たりしないのが夢——と独り言のように呟《つぶや》いてみたが、夫はもう答えず、そのまま寝息を立てて聞かせた。遠くで、もうコオロギが鳴いている。


調査は終わった。私たちはあえてこれまでと変わらないペースで福部庵に出前を注文したが、配達にやって来るのは、ご主人でもケンちゃんでもなく、事件後に雇われたアルバイトの大学生になった。依頼をしてくる人々の多くは、調査が終わると、良い結果であれ悪い結果であれ、私たちとは距離を置く。少なくないお金を支払ってまで人が知ろうとすることや探そうとするものの中には、たくさんの隠し事や、大切な気持ちや、恥や、悲しみや、愛が詰まっていて、一応の解決を果たして日常が戻ってきたその後は、それら一切合切を知られてしまった私たちに、顔を合わせるのは気まずいものなのだ。ひとたびは親兄弟よりも腹を割った存在にもなる私たちだが、全てが終わった後は、こちらもまた素知らぬ他人に戻るようにする。

けれどしばらくして私は、ケンちゃんとばったりコンビニで再会した。日に焼けて、一見わからないくらい精悍《せいかん》に見えた。警備会社の社長に気に入られ、実家に戻った後も、週の半分以上はガードマンの現場に出かけているそうである。

「ケンちゃん、大変だったわね」と言うと、どう答えていいのかわからないような顔をしていた。「はなちゃんと離れ離れになって、辛くなかった？」と問い直すと、それをおうむ返しにしてからしばらく黙って考えたのち、はなちゃんが平泳ぎをできるようになったのかが気になってしょうがない、とはっきりケンちゃんは言った。

次の土曜日、私は、頼まれてもいないのに、夫にも内緒でスイミングスクールに出かけ、ビデオを回した。六歳になったはなちゃんは見事に平泳ぎをマスターしていて、大胆に両手で水を掻いては、正確なペースで顔を上げ、大きな口で呼吸をしていた。得意のクロールはますます速くなり、リレーでは前の子が三着目だったのに、ターンした後もスピードが落ちず、じわじわと順位を上げて一位で次に繋いだ。

その日蕎麦屋の前で待ち伏せて、出て来たケンちゃんを呼び止めてこっそりそれを見せた。気にしていたはずの平泳ぎを見ても特に表情も変えず、ただじっと液晶画面に見入っていたが、プールから上がって、自分よりも身長の高い子供たちとハイタッチをするはなちゃんにカメラがズームした瞬間、ケンちゃんは顔を上げて私を見て、「はなちゃんは、22キド、ド800グダ、ムにな、でぃました」と誇らしげに言った。

西川美和

にしかわ・みわ

1974年広島県生まれ。2002年『蛇イチゴ』で脚本・監督デビュー。以降、『ゆれる』('06)、『ディア・ドクター』('09)、『夢売るふたり』('12)、『永い言い訳』('16)と続く五作の長編映画は、いずれも本人による原案からのオリジナル作品である。著書として、小説に『ゆれる』『きのうの神様』『その日東京駅五時二十五分発』『永い言い訳』、エッセイに『映画にまつわるXについて』『遠きにありて』などがある。2021年、佐木隆三の小説『身分帳』を原案とした映画『すばらしき世界』を公開。

装　画
榎本マリコ

装　幀
長﨑 綾
(next door design)

JASRAC 出 2010021-001

スクリーンが待っている

2021年1月20日　初版第1刷発行

著　者
西川美和

発行者
飯田昌宏

発行所
株式会社小学館
〒101-8001　東京都千代田区一ツ橋2-3-1
編集 03-3230-5959　販売 03-5281-3555

DTP
株式会社昭和ブライト

印刷所
大日本印刷印刷株式会社

製本所
株式会社若林製本工場

　ISBN 978-4-09-388808-0